Christl Vogl

Märchen- und Ausmalbuch

Magische Wintermärchen

von

Christl Vogl

Impressum

© 2019 Text, Illustrationen und Coverbild Christl Vogl
Coverbearbeitung: Beate Geng
Lektorat: Kathrin Andreas
Kelebek Verlag Inh. Maria Schenk Franzensbaderstr. 6
86529 Schrobenhausen   www.kelebek-verlag.de
ISBN 978-3-947083-27-5
Druck und Vertrieb BoD
Bibliografische Information der Deutschen Nationalbibliothek
Die Deutsche Nationalbibliothek verzeichnet diese Publikation in der Deutschen Nationalbibliografie;
detaillierte bibliografische Daten sind im Internet über http://dnb.d-nb.de abrufbar.

Ein Sternenbaby

Ja, der Winter ist gekommen. Viele Sachen hat er mitgebracht, schöne Sachen. So wie den Schnee, das Eis, die funkelnden Eiszapfen, wirbelnde Schneeflocken und Tausende Glittersternchen im Schnee. Ach, ist das schön! Aber er hat auch den harten Frost, den eiskalten Nordwind und die klirrende Kälte mitgebracht. Das ist gar nicht schön, nur kalt.

Hoch oben auf den Bergen stehen schweigend und dunkelgrün die Tannen des Fichtenwaldes. Wie gut, dass sie nicht frieren, denn der Schnee hat die Nadelbäume eingehüllt. Es ist zwar eine schwere Last, aber die Äste sind sehr biegsam und können sich beugen, sodass sie nicht so leicht brechen. Nur die kleinen Tannen und Fichtenkinder, die sind nicht so schweigsam wie ihre große erhabene Familie. Nein, sie schütteln ihre Zweige, wispern und tuscheln mit den lustigen Eichkätzchen. Sie kichern über die kleinen Vögelchen, die mit ihren kurzen Beinchen auf den Ästen auf und nieder hüpfen. Das kitzelt natürlich. Nur wenn der Mond in den Zweigen hängen bleibt, dann wird es still in den Tannen und im Fichtenwald.

Aber in dieser Nacht hat der gute Mond etwas mitgebracht. Oh, was glitzert denn da so im Tannenwald? Schaut, seht doch, es ist ein Sternenkind, ein winzig kleines Sternenbaby. Ach, wie niedlich.

„Wie süß", rufen alle kleinen Tannenkinder und schauen zur Tannenmuhme hinüber, die das Sternenkind in ihren Tannenzweigen hält. Der Mond hat das Sternenbaby auf eine große starke Tanne gelegt. Entzückt schaut die Tannenmuhme auf das kleine goldige Kind, das nun seine Sternenaugen aufschlägt und sich verwundert umschaut. Da lächelt die alte Tannenmuhme und eine Harzträne kullert an ihrer braunen Rinde hinunter in den Schnee. Die Tannenmuhme schaukelt das Sternenkind auf ihren Zweigen. Ganz sachte, hin und her, auf und nieder.

„Dürfen wir es auch einmal wiegen?", fragen die Tannenkinder.

„Ja, aber ganz sachte, habt ihr gehört? Dann wird es wieder einschlafen", erwidert die Tannenmuhme und lässt das Sternenbaby sanft von ihrem Ast abgleiten.

Da strecken sich die Tannen und Fichtenäste, um das kleine Sternenkind aufzufangen. Ein etwas größeres Tannenkind nimmt das Sternenkind entgegen und wiegt nun sanft das Baby. Nach einer Weile lässt es das Sternenbaby wieder nach unten gleiten, sodass das untere Tannenkind das Baby ebenfalls schaukeln und wiegen kann.

Das geht so weiter, bis das Sternenbaby unten ankommt. Jetzt liegt es im Schnee, denn das kleinste Tannenkind konnte das Sternenbaby nicht auffangen.

„Wenn es nur nicht erfriert", ruft ein anderes Tannenkind ängstlich.

„Unsinn", sagt die Tannenmuhme, „Sternenkinder erfrieren nicht, denn die kommen doch vom Himmel."

„Und jetzt? Wir können das Sternenbaby doch nicht einfach im Schnee liegen lassen?", meint ein weiteres Tannenkind.

Aber ehe die Tannenmuhme antworten kann, wird es hell. So hell als würde die Sonne scheinen. Aber es ist nicht die Sonne, die das Licht spendet. Es ist eine wunderschöne Fee. Urania, die Sternenfee.

Lächelnd schaut sie sich um, begrüßt liebevoll die Tannen und Fichten, dann sagt sie: „Danke, dass ihr mein Baby so gut aufgefangen habt. Ihr müsst wissen, dass dieses Sternenbaby ein Weihnachtssternchen ist. Morgen ist ja Weihnachten. Dann wird es aufwachen und ein Stück Himmel auf die Erde bringen. Es wird zu den Menschen kommen, damit ihre Dunkelheit ein wenig erhellt wird. Seid ganz lieb umarmt. Ich danke euch."

Ganz sanft hebt sie das Sternenbaby auf und verschwindet mit dem Kind in die Nacht.

„Wie schön, jetzt kann Weihnachten endlich kommen," sagt die Tannenmuhme leise. Dann legt sich ein tiefes Schweigen über die Tannen und den Fichtenwald und leise rieselt der Schnee.

Der Schneemann Ritter Kunibert

Da steht er nun, mitten auf dem Hof, der Kunibert, ein stattlicher Schneemann. Die Dorfkinder haben ihn gebaut und ihn Ritter Kunibert genannt. Sie haben ihn zum Ritter geschlagen und ihm ein großes hölzernes Schwert in seinen Arm gedrückt. Einen Helm, der einmal ein alter Suppentopf war, trägt er auch auf seinem Schneehaupt. Ja, und um seinen Hals herum ist ein langer Schal geknüpft. Zwei große Kohlenaugen und eine Mohrrübennase hat er auch, so wie sich das für einen echten Schneemann gehört. Aber er hat auch einen Schnurrbart, der früher einmal eine Schuhbürste war. Und das hat nun wirklich nicht jeder Schneemann.

Als es dunkel wird, laufen die Kinder alle nach Hause in die warme Stube. Es wird still auf dem Hof, nur der Hofhund knurrt ein wenig.

Langsam geht der Mond auf.

Plötzlich pfeift ein kalter Wind und die Laternen beginnen zu flackern. Da erwachen die dunklen Schatten, sie beginnen zu tanzen.

Ei, das ist ja lustig. Ritter Kunibert gefällt das Schattentanzen und er will wohl auch mitmachen.

Da lachen die Schatten und rufen: „Du willst mit uns tanzen? Du kannst dich ja nicht einmal bewegen. Bist doch nur ein dummer Schneemann."

„Ich bin kein dummer Schneemann", ruft Kunibert zurück. „Ich bin ein Ritter, ein Schneemannritter. Und ich heiße Kunibert. Schaut her, das ist mein Schwert. Und hier sind mein Helm und mein Schnurrbart. Schon morgen bekomme ich einen Ritterorden. Ja, da staunt ihr was?"

Aber die Schatten staunen nicht im Geringsten. Nein, sie tanzen im Mondlicht einfach weiter.

Plötzlich zupft etwas an Ritter Kuniberts Arm. Erstaunt schaut Ritter Kunibert zur Seite und seine Kohlenaugen werden ganz groß. Neben ihm steht jemand – und zwar er selbst. Aber nicht so weiß wie der Schnee, sondern ganz in Schwarz.

„Mach nicht so große Kohlenaugen", sagt der schwarze Schneemann. „Ich bin dein Schatten. Ich bin dein und du bist mein. Und jetzt komm mit! Als Ritter müssen wir tapfer und kühn sein. Wir müssen die Schneejungfrau retten, die der Drachen gefangen hält. Traust du dir das zu?"

„Oh ja", ruft Ritter Kunibert, „sicher, denn ein edler Ritter ist doch nicht feige. Wo ist mein Schwert?"

„Das hältst du doch schon in deiner Schneehand", erwidert der schwarze Schneemann.

„Hm", räuspert sich der weiße Ritter Kunibert, „und wo finden wir jetzt die Schneejungfrau, die wir retten müssen?"

„Da drüben steht sie. Sie ist schon ganz mager geworden vor lauter Qual und Kummer", sagt der schwarze Schneemann.

„Aber das ist doch nur eine verschneite Zaunlatte mit einem Blumentopf", erwidert Ritter Kunibert.

„Glaub mir, sie ist eine Schneejungfrau in großer Not. Los, rette sie!", ruft der schwarze Schneemann.

Da stürmt Ritter Kunibert mit seinem erhobenen Holzschwert auf die Schneejungfrau zu. „Edle Jungfrau", schreit er, „wo ist der Drachen?"

Doch ehe die Jungfrau ihm antworten kann, sieht Ritter Kunibert auch schon den Drachen. Drohend und mit einem großen Kopf und einem langen Leib steht er hinter der Schneejungfrau.

Da zögert Ritter Kunibert nicht länger und schlägt auf den Drachen ein.

Oje, da fällt die Schneejungfrau plötzlich um. Da liegt sie nun im weißen Schnee, ganz ohne Kopf, denn ihren Blumentopfkopf, den hat sie vor lauter Aufregung verloren.

Aber der Drachen ist verschwunden.

„Habt keine Angst mehr", flüstert Ritter Kunibert der Schneejungfrau zu, als diese wieder zu sich kommt. „Der Drachen ist vor meinem zügigen Schwert geflohen. Wacht auf, edle Schneejungfrau, ich habe euch gerettet."

Aber die edle Schneejungfrau steht nicht auf, denn Ritter Kunibert hat ihr Herz gebrochen. Die Latte, die ihren Körper darstellt, ist entzwei.

Eilig läuft Ritter Kunibert zurück in den Hof und stellt sich wie ein edler Rittersmann, wie ein Schneemann, wieder auf seinen Platz. Das Holzschwert hat er dabei immer noch fest in seiner Hand. Er ist schon ein bisschen stolz auf sich, denn schließlich hat er ja gerade einen Drachen besiegt. Und das kann wahrlich nicht jeder Schneemann von sich behaupten.

Langsam beginnt der neue Morgen und die Schatten verschwinden dahin, woher sie gekommen sind.

Das knurrende Hoppelchen

Es ist Dezember. Über Nacht hat es geschneit und alles in eine weiche weiße Decke eingehüllt. Hoppelchen, das Häschen, schaut sich verwundert um. Nanu, denkt es, was ist denn das weiße Zeug und dazu auch noch so kalt? Da kommt eine Krähe herbeigeflogen und setzt sich auf einen Ast, der aus dem Schnee herausragt. Sogleich fragt Hoppelchen, was es mit diesem weißen Zeug wohl auf sich hat.

„Das nennt man Schnee", erklärt die Krähe. „Du hast wohl noch nie den Winter erlebt?"

Hoppelchen fragt die Krähe, was denn der Winter ist.

Da krächzt die Krähe laut und ruft: „Na, der Winter bringt Schnee, es ist kalt draußen und man friert und hat Hunger."

„Oh", macht Hoppelchen, „und wer hat den Winter hierhergebracht?"

„Das war der Herbst. Du weißt schon, der alles reifen und bunte Blätter von den Bäumen fallen lässt."

„Ach, der Herbst hat also den Winter geholt, na warte, wenn ich den kriege!"

„Ach, hör doch auf, verstecke dich lieber in deinem unterirdischen Kämmerlein, denn so wie ich sehe, schleicht gerade ein Fuchs auf dich zu", warnt die Krähe und steigt mit einigen kräftigen Flügelschlägen hoch in die Luft.

Oje, da rennt Hoppelchen schnell durch den Schnee zum Eingang seiner Höhle.

Aber das ist leichter gedacht als getan, denn Hoppelchen kommt in dem Schnee gar nicht so schnell voran. Seine Hinterpfötchen werden müde, denn er ist doch noch so klein und die Anstrengung so groß. Da steht auch schon der Fuchs vor ihm.

Hoppelchen beginnt zu zittern und bettelt mit bebender Stimme: „Ach bitte, lass mich gehen. Ich bin doch noch so klein und schmecke dir bestimmt gar nicht gut."

„Warum sollte ich das tun?", fragt der Fuchs. „Du riechst jedenfalls sehr gut und mein hungriger Magen knurrt auch schon ganz laut, wie du wohl hören kannst."

Da nimmt Hoppelchen seinen ganzen Mut zusammen und sagt mit fester Stimme: „Du irrst dich! Das ist nicht dein Magen, sondern ich knurre so, verstehst du?"

„Du? Seit wann knurrt denn ein Hoppelhase?", fragt der Fuchs irritiert und schnuppert verwundert an Hoppelchen.

„Seit meiner Geburt! Man nennt mich auch den Knurrhasen. Und jedes Mal, wenn ich knurre, dann wachsen meine Zähne. Ja, da staunst du was?"

Da lacht der Fuchs und ruft: „Na, dann zeig her deine Zähne, die will ich sehen."

„Du wirst erschrecken, wenn du sie siehst. Nein, so kann ich dir meine Reißzähne nicht zeigen. Schließe deine Augen und wenn ich es dir sage, dann zeige ich dir meine großen Zähne", erwidert Hoppelchen.

In diesem Augenblick beginnt der Magen des Fuchses wieder zu knurren. Erschrocken schließt der Fuchs die Augen.

Sogleich rennt Hoppelchen geschwind die letzten Meter zu seinem Eingangsbau. Hoppelchen hat es geschafft, hier ist das Häschen in Sicherheit.

Als der Fuchs seine Augen öffnet, ist Hoppelchen spurlos verschwunden. Da bemerkt der Fuchs, dass ihn der kleine Hase reingelegt hat. Erbost ruft er: „Warte nur ab, ich krieg dich schon. Irgendwann musst du ja aus deinem Bau herauskommen. Du entwischst mir nicht noch einmal, denn dafür bist du zu auffällig im weißen Schnee."

Aber da irrt sich der Fuchs, denn schon bald hat sich Hoppelchen in einen Schneehasen verwandelt. Das Häschen hat seinen Winterpelz bekommen und ist nun so weiß wie der Schnee. Ohne dass der Fuchs Hoppelchen entdeckt, hoppelt es lustig durch den Schnee, der es nun unsichtbar macht.

„Ich liebe den Winter", ruft Hoppelchen und macht einen großen Freudensprung.

Ein Birkenholz-Zebra-Pferdchen

Im Birkenwald ist es heute besonders still. Das kommt durch den tiefen Schnee, der dämpft jedes Geräusch.

„Es ist schon ein bisschen unheimlich, diese Stille", meint ein Häschen, das sich etwas ängstlich umschaut.

„Ja, das ist wohl wahr", antwortet ein Eichkätzchen. „Wo bleiben denn überhaupt die Vögel? Ich sehe keinen einzigen."

„Die sind wahrscheinlich auch weggeblieben aufgrund der Stille", piepst ein Mäuschen.

„Ich weiß, wo sie sind", ruft ein anderes Häschen. „Sie sind alle auf dem zugefrorenen Waldsee. Da schauen sie den Winterkindern zu, wie diese mit ihren Schlittschuhen laufen. Ich sage euch, da ist was los. Das ist der pure Spaß und alle lachen und freuen sich wie die kleinen Winterkinder, die auf dem Eis tanzen, springen und Purzelbäume schlagen. Da unten auf dem Waldsee ist es nicht so still wie hier, dort herrscht Lachen und Freude."

„Na, wenn das so ist, dann müssen die Winterkinder auch zu uns kommen", meint das Eichkätzchen.

„Ja, wenn das so einfach wäre", brummt das Häschen. „Glaubst du, die kommen hierher, wo es für sie gar nichts zu tun gibt? Hier ist es doch viel zu fade. Da unten auf dem Eis haben sie doch viel mehr Spaß."

„Dann müssen wir sie eben hierherlocken. Wir müssen ihnen etwas bieten", sagt das Eichkätzchen.

„Ich weiß was", unterbricht ein kleines Mäuschen das Eichkätzchen. „Wir bauen aus den herumliegenden Baumästen ein Pferd. Material gibt es doch genug. Was meint ihr?"

Das halten alle für eine hervorragende Idee. Schon nach wenigen Stunden haben die Waldtiere ein hölzernes Pferd aus heruntergefallenen Birkenästen gebaut.

„Fein, da werden sich die Winterkinder bestimmt freuen", ruft das Eichkätzchen.

Und so ist es auch. Als das Eichkätzchen den Kindern von dem Holzpferd erzählt, gibt es kein Halten mehr. Sofort laufen die Winterkinder hinauf in den Birkenwald und alle Vögel fliegen eilig hinterher. Das neue Pferd muss man sich unbedingt anschauen.

„Oh, wie schön", rufen sie alle erfreut.

„Es ist ein Zebrapferdchen", meint ein Winterkind und klettert sogleich hinauf.

„Was ist ein Zebrapferdchen?", fragt das Eichkätzchen den Dompfaff, der gerade herbeigeflogen kommt.

„Das ist ein gestreiftes Pferd. Ich habe schon einmal so ein Pferd gesehen, unten in der Stadt, im Tierpark", erwidert der Vogel.

„Also ein Birkenpferd", stellt das Eichkätzchen fest.

„So kann man es auch sehen", lacht der Dompfaff.

Ach, egal, die Winterkinder können gar nicht genug von dem Zebrapferd bekommen. Sie wollen unbedingt alle auf dem Zebrapferd reiten und lachen und scherzen die ganze Zeit – und mit ihnen der ganze Birkenwald. Mit der Stille ist es nun vorbei.

Das ist auch gut so, denn es gibt nichts Schöneres als ein fröhliches Kinderlachen.

Der Eisblumen-Maler

Wenn es so richtig kalt ist, dann gibt König Winter einen großen Ball in seinem Glitzer-Eispalast. Dann herrscht Hochbetrieb. Die Schneemänner putzen die spiegelblanken Eisflächen. Die Eisbären kümmern sich um die Eisgetränke und die großen süßen Eistorten. Die Pinguine sind in ihren Fracks natürlich die Oberkellner. Aber auch die vielen Tausend Schneeflockenkinder laufen überall im Palast umher und helfen dort, wo es nötig ist. König Winter ist sehr zufrieden und die Gäste können kommen. Aber die Schneekönigin ist noch nicht zufrieden.

„Weißt du, lieber Mann", sagt sie, „dieses Mal möchte ich unseren Gästen etwas Besonderes darbieten."

Da schaut König Winter seine Frau überrascht an.

„Wie meinst du das?", fragt er.

„Na ja, ich meine etwas, das unsere Gäste amüsiert. Ja, ich weiß, die Schneeflockenkinder tanzen auf dem Eis, der Eiszapfenmann spielt auf seiner Eiszapfenorgel und die Pinguine und Eisbären veranstalten noch einen Zirkus. Das kennen unsere Gäste aber alles schon. Ich möchte ihnen etwas darbieten, was sie bisher noch nicht gesehen haben. Verstehst du?", erwidert die Königin.

„Ja, natürlich verstehe ich dich. Doch wer soll das machen?

Ich kenne niemanden, der etwas Neues darbieten kann. Du vielleicht?"

„Nun, wenn du mich schon so direkt fragst, dann wüsste ich da jemanden. Er ist ein großer Künstler, ein Maler. Ich sage dir, der kann Blumen malen, das ist einmalig. Und jede Blume ist anders in ihrer Art wie sie glitzert und funkelt. Das wäre doch etwas für unser Fest?"

„Ein Maler, der Blumen malt? Das ist doch nichts für König Nordwind oder Väterchen Frost. Das sind raue große Kerle, das weißt du doch. Die würden sich totlachen über Glitzerblümchen. Also bitte, liebe Frau, das wird wohl nichts", lacht der König und dreht sich um,

Aber so leicht lässt sich die Königin nicht von ihrer Idee abhalten. „Das sagst du, aber vielleicht finden gerade diese rauen Kerle, wie du sie nennst, Gefallen an der Eismalerei. Ich weiß es ganz sicher, darauf verwette ich meinen Eisschlitten."

„Nun gut, wenn du dir da so sicher bist, dann soll es so sein. Dein meisterhafter Maler darf kommen und seine Glitzerblümchen malen", sagt der König und läuft schmunzelnd hinaus in den Wintergarten.

Da freut sich die Königin und als das Fest beginnt, ist auch der Malerkünstler dabei.

Es wird gut gespeist, perlende Getränke werden serviert und es wird viel getanzt, alles bei wunderbaren Klängen, die die Eiszapfenorgel hervorbringt. Jeder freut sich und ist guter Laune.

Als der Malerkünstler seine Eisblumen zu malen beginnt, wird es still im großen Saal. Alle Gäste staunen, wie der Maler seinen Pinsel leicht und schwungvoll in der eisigen Luft führt. Dabei entstehen die wunderschönsten Eisblumen, funkelnd und glitzernd in zarten Tönen und Farben. Nein, so etwas Schönes hat man noch nicht gesehen und der Meistermaler wird bestaunt und bewundert.

Sogar der raue Nordwind und Väterchen Frost sind ganz begeistert von so viel Schönheit. Auch König Winter ist hocherfreut, dass er einen so großen Künstler auf seinem Ball hat und lädt den Maler ein, bei ihm zu bleiben.

Ja, und seitdem begleitet der Eisblumenmaler den König Winter.

Aber weil er in unserer Welt ja nicht in die Luft malen kann, so malt er seine wunderschönen Eisblumen auf die Fensterscheiben der Häuser. Das Glitzern und Funkeln bringen dann so manche Kinderaugen zum Strahlen.

Das verlorene Himmelslicht.

Da läuft ein Engel durch den Wald. Er ist so müde. Seine großen Flügel sind grau und er zieht sie durch den Schnee hinter sich her. Der Engel strahlt nicht mehr, denn er hat sein Himmelslicht verloren. Der Engel hat schon zu viele schreckliche Dinge auf dieser Welt gesehen. Mutlos setzt er sich auf einen Schneehügel. Plötzlich bewegt sich der Hügel. Erschrocken springt der Engel auf und ein großer brauner Bär kommt unter der Schneedecke hervor.

„Entschuldige bitte", stammelt der Engel. „Es tut mir leid, dass ich dich aus deinem Winterschlaf gerissen habe."

„Ach, das macht gar nichts", brummt der Bär. „Ein Engel darf mich immer wecken. Aber sag, wie ein strahlender Engel siehst du nicht gerade aus. Was ist denn los?"

Da erzählt der Engel mit traurigen Augen, was das hier für eine schreckliche Welt ist.

„Glaubst du das wirklich?", fragt der Bär. „Dann werde ich dir jetzt eine Geschichte erzählen. Pass gut auf, vielleicht änderst du ja dann deine Meinung: Es war voriges Jahr im Sommer. Ich war so leichtsinnig und überquerte die große Straße. Sofort wurde ich von einem Auto erfasst. Ich weiß nur noch, dass ich furchtbare Schmerzen in der Schulter spürte. Danach weiß ich nichts mehr. Als ich wieder aufwachte, befand ich mich in einem Gehege. Schmerzen hatte ich kaum noch. Ich bekam dort von den Menschen liebevolle Fürsorge und gutes Fressen. Als ich wieder gesund war, brachte man mich zurück in meinen Wald. Na, was sagst du nun?"

Da freut sich der Engel und seine Augen beginnen zu strahlen. Ein wenig später kommt ein schöner großer Hirsch vorbei. Auch er erzählt dem Engel seine Geschichte. Er berichtet von dem täglichen Futter, das sein Volk von den Menschen in einem sehr langen Winter bekam. Er sagt: „Ohne das herrliche Heu wären wir alle verhungert. Nein, die Menschen vergessen uns nicht."

„Ach, wie schön", sagt der Engel und beginnt immer mehr zu strahlen.

„Ah, hier ist es schön warm", ruft der Fuchs schon von Weitem und kommt näher. Auch er hat eine schöne Geschichte mitgebracht, die er dem Engel erzählt: „Ich bin in eine Fallgrube hineingeraten. Furchtbar war das. Mir war angst und bange. Da kamen zwei Kinder vorbei. Weißt du, was sie gemacht haben? Sie schleppten einen langen dicken Zweig herbei und legten diesen schräg in die Grube. So konnte ich ganz leicht den Baumstamm hinauflaufen und war endlich wieder frei. Na, was sagst du dazu?"

Und wieder freut sich der Engel ein bisschen mehr und strahlt noch heller. Auf diese Weise erhält er sein Himmelslicht zurück.

Nun kommen noch viele andere Tiere hinzu.

Wenn ein Engel im Wald unterwegs ist, dann spricht sich das natürlich herum. Und alle haben eine schöne Geschichte zu erzählen.

„Kommt", sagt der Engel, „kommt alle her zu mir, damit ich euch mit meinem Himmelslicht wärmen kann."

Als sich die Tiere eng an den Engel anschmiegen, da hebt er seine mächtigen weißen Flügel und legt sie schützend über sie.

Der Engel hat sein Vertrauen zurückerlangt, dass es doch noch viele gute Menschen auf dieser Erde gibt. Und soll ich euch etwas sagen?

Daran glaube ich auch ganz felsenfest!

Eine Wintermelodie

Brrr, wie kalt ist doch der Nordwind. Wie grausam und unbarmherzig fegt er über die erfrorenen Felder hinweg. Da ducken sich die kleinen Vögel in ihr dichtes Federkleid und die Eichkätzchen und Siebenschläfer kuscheln sich noch tiefer in ihren flauschigen Schwänzchen ein.

Alles ist so kalt. Ja, sogar das kleine bisschen Sonne hat kurze Strahlen. Eisig klirrt der zugefrorene Waldsee vor sich hin.

Hilfesuchend recken die kahlen Äste der Bäume ihre nackten Zweige zum Himmel empor. So, als wollten sie rufen: „Helft uns doch, wir erfrieren sonst.“

Hat der Himmel die Hilferufe etwa gehört? Aber natürlich! Er hat es gehört und plötzlich fallen dicke warme Schneeflocken vom Himmel herunter. Sie rieseln sanft auf die kahlen Felder, Bäume und Äcker.

Da freut sich die Erde und mit ihr freuen sich die Bäume und Sträucher. Nun werden sie nicht mehr erfrieren und auch ihre neuen Keime und Triebe bleiben erhalten.

Auf einmal kommt der Nordwind herbeigebraust. Im Gepäck hat er die Eisprinzessin und den Eiszapfenprinzen. Sie wollen sich endlich richtig austoben und tanzen und wirbeln wild auf und ab. Der Wind möchte durch alle Löcher pfeifen, die er genug in seinem weiten Umhang besitzt. Da bleibt auch der warme Schnee auf den Feldern und Bäumen nicht länger liegen. Nein, nirgendwo kann er sich in Ruhe betten. Kaum lässt er sich auf den Tannenbäumen nieder, rauscht auch schon der kalte Nordwind herbei und fegt mit einem lauten „hui“ jeden Schnee wieder herunter.

„Nein, bitte nicht“, flehen ihn die Bäume an.

„Lass uns doch die warme Decke behalten“, rufen auch die Felder verzweifelt.

Alles bettelt den Nordwind an. Doch der bleibt eisig und will gar nicht mehr aufhören. Nein, jetzt fängt er doch gerade erst richtig an mit dem Spaß. Schnell braust er weiter und lacht und pfeift dabei. Da machen sogar die Königskinder von König Winter fleißig mit.

„Wie schön", lacht der Eiszapfenprinz und hängt überall seine langen und kurzen Eiszapfen auf.

„Wie zauberhaft das aussieht", ruft die Eisprinzessin ganz begeistert.

Alles ist mit einer dicken Eisschicht überzogen. Ja, wo sind denn bloß die vielen Schneeflocken hin?

Sie türmen sich auf, irgendwo in einer Ecke des Waldes. Dort lehnen sie sich gegen hohe Felsen und raues Gestein. Unter dem Schnee bewegt sich etwas. Plötzlich erscheint eine kleine weiße Hand an der Oberfläche. Darauf folgt ein Gesicht, das eine weiße Schneemütze trägt. Sogleich steigt eine rundliche weiße Gestalt aus dem Schnee heraus. Es ist die Schneefrau.

„So, das reicht, genug ist genug. Es ist höchste Zeit, dass ihr aufhört. Ihr treibt es wirklich zu bunt", ruft die Schneefrau dem Nordwind zu und krabbelt durch den Schnee. „Komm mit", sagt sie zu ihrem Schneemann. Doch der hat keine Lust, sondern schläft lieber weiter in seinem Schneebett.

„Na, dann eben nicht", murmelt die Schneefrau. „Ich werde mit der Bande schon klarkommen. Und ich weiß auch schon wie", sagt die Schneefrau und formt aus dem Schnee eine Schneegitarre. Damit stapft sie geradewegs in den Wald hinein und setzt sich auf einen Ast. Dann schlägt sie die Saiten an und es erklingt eine zarte und wunderschöne, aber gleichzeitig auch melancholische Melodie. Die Musik wärmt alle Herzen. Sie weckt Sehnsüchte und Träume vom Paradies. Der Nordwind, die Eisprinzessin und der Eiszapfenprinz lauschen gebannt. Wer spielt denn da so schön, wer ist das bloß? Sie folgen den Klängen und entdecken schon bald die Schneefrau. Sie sitzt hoch oben in einem Baum und spielt unermüdlich weiter.

Ganz leise, um die Melodie nicht zu stören, fliegen die Eisprinzessin und der Eiszapfenprinz hinauf. Sie setzen sich auf einen freien Ast und lauschen den holden Klängen der Gitarre. Da kann sich auch der Nordwind nicht mehr beherrschen. Mit einem Griff holt er seine Flöte aus dem Mantel und begleitet die Melodie. Nun ist es Winter geworden.

Die Weihnachtswichtel

Zufrieden schaut das Tannenzapfenbübchen auf seine schönen Tannenzapfen, die es ganz ordentlich an verschiedenen Tannenzweigen aufgehängt hat. „Das soll mir erstmal einer nachmachen. Von wegen Weihnachtsbäumchen. Meine Tannenzapfen sind schon selbst genug Weihnachtsschmuck", ruft das Bübchen hoch oben im Tannenwipfel und schaut ein bisschen verächtlich auf den Weihnachtsbaum im Nachbargarten.

Gestern haben Menschenkinder das Bäumchen mit kleinen Goldglöckchen und bunten Glaskugeln sowie Keksen geschmückt. Nein, so etwas will er nicht in seinem Tannenbäumchen haben. Nein. Niemals. Plötzlich krabbelt etwas auf den Tannenzweigen herum.

„Bist du es, liebe Kohlmeise?", fragt das Bübchen.

„Nein, ich bin doch keine Meise", ruft da jemand zwischen den Zweigen hervor.

„Und wer bist du?", fragt das Bübchen wieder.

Da hüpft ein kleiner Wichtel mit einer Goldglocke auf seinem Köpfchen hervor und sagt: „Ich bin ein Weihnachtswichtel und mein Name ist Goldglöckchen. Ich bringe dir kleine Goldglöckchen für den Weihnachtsbaum."

„Und ich bin der bunte Glaskugelwichtel. Ich hänge die bunten und glänzenden Glaskugeln in den Weihnachtsbaum," ruft ein anderer Wichtel laut dawischen.

„Na, dann bin ich wohl ganz richtig hier," meint ein kleines Wichtelmädchen. „Ich bin das Kekswichtelmädchen. Meine Leckereien dürfen in keinem Weihnachtsbaum fehlen. Für die Kinder hänge ich meine süßen Kekse, Schokoladen und Marzipanherzchen in den Weihnachtsbaum. Oh, wie sich alle darüber freuen und heimlich davon naschen. Los, meine lieben Weihnachtswichtel, an die Arbeit. Dann wollen wir aus diesem Bäumchen nun einen echten Weihnachtsbaum machen."

Plötzlich fährt das Tannenzapfenbübchen in die Höhe und meint böse: „Nichts da, schert euch weg aus meinem Tannenbäumchen. Hier wird nicht geschmückt. Und es werden auch keine bunten Glitzersachen und keine Kekse aufgehängt.

Mein Tannenbäumchen hat die schönsten Tannenzapfen, einen besseren Schmuck gibt es gar nicht. Also los, weg mit euch."

Auf einmal fallen kleine Goldsternchen vom Himmel, sie landen geradewegs auf dem kleinen Tannenbäumchen. Da staunt das Tannenzapfenbübchen mit großen Augen. Solche funkelnden Sterne hat es noch nie gesehen.

Da lachen die Weihnachtswichtel und schmücken vergnügt das kleine Tannenbäumchen von oben bis unten mit Goldglöckchen, glitzernden Glaskugeln und mit vielen herrlichen Knusperkeksen, Schokoladen und Marzipanherzchen.

So ein Weihnachtsbäumchen ist doch etwas Schönes, wenn es so glitzert und leuchtet in der dunklen Weihnachtszeit.

Was meint ihr?

Die Margeritenelfe wacht auf

Ja, wo sind denn nur die ganzen Blumen hin? Liegen sie vielleicht unter dem Schnee? Nein, natürlich nicht, denn dort würden sie doch sofort erfrieren. Die Blumen sind zusammen mit den Blumenelfen tief unter der Erde. Dort liegen sie in ihren grünen Mooskämmerlein. Sie kuscheln sich weich und warm in herrliche Mooskissen und Decken hinein. Die Winterkälte kann ihnen nichts anhaben, denn die Blumenkönigin bewacht sie zusammen mit Mutter Erde. Alles ist still und friedlich. Nur das Ticken der Wassertropfenuhr ist zu hören. Plötzlich erwacht in einem kleinen Mooskämmerlein die Margeritenelfe.

„Ist schon Sommer?", ruft sie laut.

Da erwachen auch die anderen Blumenelfen.

„Warum schläfst du nicht?", wollen sie wissen.

„Ich glaube, es ist schon Sommer", sagt die Margeritenelfe wieder.

„Natürlich nicht", antwortet die Himmelschlüsselelfe. „Das kann ja auch gar nicht sein, denn vor dem Sommer kommt erst der Frühling. Und wenn es schon Frühling wäre, dann hätte die Blumenkönigin uns schon geweckt. Auch Mutter Erde hätte dann schon eine Erdspalte für uns geöffnet."

„Ja", erwidert die Margeritenelfe. „Vielleicht hast du recht, aber ich möchte zu gern einmal den Winter sehen. Der soll doch so schön sein. Ich habe gehört, dass er weichen Schnee mitbringt und die schönsten Eisblumen an die Fenster malt."

„Aber das sind doch keine richtigen Blumen, das sind Eisblumen", ruft die Rosenelfe.

„Woher willst du das denn wissen?", fragt die Margeritenelfe ein wenig schnippisch.

„Der Zaunkönig hat es mir erzählt", erwidert die Rosenelfe.

„Ja, das stimmt", sagt die Fingerhutelfe.

„Ich gehe jetzt hinauf. Aber habt keine Angst, ich ziehe mir nur ein langes Kleid an", sagt die Margeritenelfe und zieht sich hinter einem Schmetterlingsvorhang um.

„Schlaft nur schön weiter, ihr Schlafmützen. Wenn ich zurückkomme, dann kann ich euch bestimmt viel erzählen", sagt sie und öffnet die Tür. Diese führt zu der Treppe, wo es zur Erdoberfläche hinaufgeht.

Die Blumenkönigin und Mutter Erde machen kein fröhliches Gesicht. Oh nein, sie blicken sogar ein bisschen grimmig zur Margeritenelfe hinüber.

„Na, was hast du dir dabei wohl gedacht", brummt Mutter Erde. „Wenn ich höre, was da oben alles los ist. Glaubst du etwa, dass ein dünnes Kleidchen dich beschützen wird vor dieser harten Winterkälte? Die Erde ist fest zugefroren. Nur die Sonnenkinder können dagegen etwas unternehmen."

„Dass du mir jetzt nicht auch noch alle anderen Elfen aufweckst", meint die Blumenkönigin zur Margeritenelfe. „Los, ab ins Bett mit dir."

Da schämt sich die Margeritenelfe, schlüpft wieder in ihr Nachthemd und schnell zurück unter die warme Moosdecke. Mucksmäuschenstill ist es nun. Auch die anderen Blumenelfen sind ganz leise. Keine Elfe wagt etwas zu sagen.

Und die Margeritenelfe? Die träumt den ganzen Winter lang von einer großen Blumenwiese, auf der sie im Sommer blüht.

Die Wintermärchentante

„Lange genug hat der Winter gedauert, aber nun ist Schluss mit Winter", meint die Frühlingsfee und schickt das erste Schneeglöckchen, das erste warme Sonnenkind und ein schönes rosablaues Frühlingslüfterl hinunter auf die Erde.

„Tretet streng gegen den Winter auf, habt kein Mitleid oder Bedauern", sagt die Frühlingsfee zu den ersten Frühlingsvorboten. „Der Winter hat seine Zeit gehabt, jetzt sind wir an der Reihe."

Das versprechen die Frühlingsvorboten und fliegen aus dem ewigen Blumengarten hinunter zur Erde. Dort ist es noch ganz schön kalt und überall liegt tiefer Schnee.

„Los, an die Arbeit", ruft das Frühlingslüfterl. „Es ist höchste Zeit, dass es nun endlich wieder Frühling wird."

„Ach ja?", ruft da eine liebe Stimme von einem hohen Baum herab.

Hoppla, wer ist denn das?

„Ich werde mal nachsehen", sagt das kleine Sonnenstrahlkind und klettert den Baum hinauf.

Erstaunt sieht es mitten in den Baumästen eine Schneefigur sitzen. Die Figur ist mit Schnee eingehüllt und über einem runden freundlichen Schneegesicht liegt eine dicke Schneemütze, woran einige Eiszapfen baumeln.

„Hast du gerade ‚ach ja' gerufen?", fragt das Sonnenkind.

Da lacht das Schneegesicht und erwidert: „Aber ja, und ich kann noch viel mehr sagen. Ich bin nämlich die Wintermärchentante und ich kann viele schöne Wintermärchen erzählen. Soll ich dir eins erzählen?"

„Oh ja, ich liebe Märchen", ruft das Sonnenkind und setzt sich auf den oberen Ast.

„Ich auch, ich auch", meint das Schneeglöckchen. „Darf ich auch zuhören?"

„Aber ja, komm nur herauf und setz dich neben mich", fordert die Wintermärchentante das Schneeglöckchen auf.

Das lässt sich das Frühlingslüfterl natürlich auch nicht entgehen. Schnell weht es hinauf in den Baum und setzt sich ebenfalls neben die Märchentante.

Diese beginnt nun ihre Märchen zu erzählen. Sie erzählt eine Geschichte nach der anderen. Vergessen ist die Frühlingsfee, vergessen ist der Frühling. So bleibt der Winter noch eine ganze Weile bestehen und breitet seine Kälte noch mehr aus.

Vergebens versuchen die Frühlingsblumen durch die harte Erde zu stoßen, vergebens probieren die Apfel- und Kirschblüten zu knospen, denn es ist einfach zu kalt. Was ist denn da unten auf der Erde nur los? Warum will sich der Frühling denn nicht durchsetzen? Wo bleiben die Frühlingsvorboten? Hat der Winter sie vielleicht gefangen genommen? Die Frühlingsfee versteht nun gar nichts mehr, da muss sie doch lieber selbst einmal nachschauen. Geschwind fliegt sie hinunter zur Erde und erschrickt, als sie sieht, dass alles vor Kälte erstarrt ist. Sogar einige regungslose Hummelchen entdeckt sie im Schnee. Überall nur Eis und Schnee, aber kein einziges Schneeglöckchen, kein Frühlingslüfterl, kein warmes Sonnenkind.

Da beginnt sie zu rufen, zu jauchzen, zu singen und zu locken. Weit tönt ihr Frühlingsruf durch das Land und endlich erwachen die Frühlingsvorboten. Das Schneeglöckchen erwacht aus seinen Märchenträumen sowie auch das Sonnenkind und das Frühlingslüfterl. Schnell fliegen sie zur Frühlingsfee, die sie fest an ihr Herz drückt, aber auch ein wenig tadelt, als sie ihr von der Wintermärchentante erzählen.

„Sie wollte euch nur aufhalten. Sie wollte euch bloß ablenken mit ihren Märchen, denn sobald ihr da seid, muss sie gehen", erklärt die Frühlingsfee. „Ja, der Winter hat so manche Tücken und ihr seid darauf reingefallen. Lasst euch das eine Lehre sein."

Beschämt nicken die Fühlingsvorboten und machen sich an ihre Arbeit. Es dauert nicht lange, da haben sie den Winter verjagt.

Endlich kann der Frühling seinen Anfang nehmen.

Der alte Baum

Im Norden, in Lappland, wo die Samen leben, wo es sehr lange Winter ist, weil der Nordwind eiskalt über das Land fegt, da wohnt in einem schmucken Holzhaus ein kleines Mädchen, das Leilee heißt. Sie ist das einzige Kind und deshalb wird sie von ihren Eltern auch immer ein bisschen verwöhnt. Zu ihrem Geburtstag hat sie neue Schlittschuhe bekommen und die müssen natürlich gleich ausprobiert werden.

„Aber pass gut auf", sagt ihr Papa, „das Eis kann mitten auf dem See sehr dünn sein, denn da rinnt ein Bach unter dem Eis hindurch."

„Ich weiß, Papa, ich passe gut auf", ruft Leilee übermütig und schon ist sie weg.

Aber nach einer Stunde kommt sie wieder zurück mit einem Schippmäulchen und einem bösen Blick.

„Was ist geschehen?", wollen die Eltern wissen.

„Was geschehen ist? Alles!", ruft Leilee aufgebracht. „Überall liegen abgefallene Äste und Zweige von dem alten Baum auf dem Eis. Man kann ja kaum eislaufen."

„Ja, da hast du wohl recht", meint ihr Vater. „Der alte Baum steht schon sehr lange dort. Er ist so groß geworden, dass seine Äste weit hinaus über den See reichen. Kein Wunder, dass seine Äste und Zweige abbrechen, er ist einfach zu alt. Gleich Morgen werde ich ihn umsägen, dann kannst du wieder eislaufen, ganz ohne Hindernisse."

„Aber ich will jetzt eislaufen", ruft Leilee laut und stampft böse mit ihren Füßen auf den weichen Teppich.

„Also gut, geh du schon mal vor, dann komme ich mit der Axt nach", seufzt der Vater und läuft in den Schuppen, um das Werkzeug zu holen.

Leilee rennt inzwischen wieder zurück zum See und schlüpft erneut in ihre Eislaufschuhe. Böse schielt sie zu dem alten Baum hinüber. „Du wirst mir mein Eislaufen nicht mehr verderben, du nicht. Gleich wird mein Vater dich umsägen", ruft sie laut zu dem alten Baum hinüber. Aber was ist das? Da hüpfen auf einmal viele Vögel auf den Ästen auf und nieder, da dreht sich plötzlich eine Eule zu ihr herum und einige flinke Eichkätzchen klettern blitzschnell den Baum auf und ab. Das hat

Leilee noch nie gesehen, das muss sie sich gleich aus der Nähe anschauen. Schnell läuft sie auf ihren Schlittschuhen zu dem Baum. Dabei achtet sie gar nicht darauf, dass sie schon mitten auf dem See ist.

Vergessen ist die Warnung ihres Vaters. Plötzlich geschieht es, da bricht das dünne Eis unter ihren Füßen und Leilee sinkt sofort in das eiskalte Wasser. Sie kann sich gerade noch rechtzeitig am Rand festhalten, aber die Kälte raubt ihr fast den Atem. Sie schreit so laut sie kann um Hilfe.

„Hilfe, ich ertrinke, Hilfe, so helft mir doch!"

Aber niemand hört sie.

Ihr Vater, der doch kommen wollte, ist weit und breit immer noch nicht zu sehen. Verzweifelt probiert sie sich an dem Rand vom Eis hochzuziehen, doch sie rutscht ständig ab. In ihren Füßen und Beinen verliert sie langsam jedes Gefühl. Da beginnt sie zu weinen und fleht den lieben Gott um Hilfe an.

Aber was ist denn das? Da bewegen sich die Äste des alten Baumes auf sie zu. Sie werden länger und länger und drehen sich zu ihr hinüber. Es sind Äste wie zwei lange Arme, die sich nun zu ihr hinunterbeugen, sodass sie diese ganz bequem greifen kann.

Leilee umfasst die Äste und hält sich gut daran fest. Sofort erheben sich die starken Äste und ziehen Leilee komplett aus dem Wasser. Erneut drehen sich die Äste und setzen das Mädchen auf dem festen Eis ab.

Leilee ist gerettet.

Und da kommt auch schon ihr Vater mit der Axt herbeigelaufen. Mit großen Augen starrt er auf seine Tochter und den Baum. Er hat alles von Weitem mitangesehen. Voller Ehrfurcht schaut er zu dem Baum, dann murmelt er ein Dankgebet und gelobt, dass er nie und nimmer den Baum umhacken wird.

Da zwitschern die Vögel im Baum, da ruft die Eule ihr ‚Uhu', da tanzen die Eichkätzchen ausgelassen und alle Äste und Zweige des Baumes wehen auf und nieder. Seitdem steht der alte Baum immer noch am See und Leilee fegt, bevor sie Schlittschuhlaufen will, erst die abgebrochenen Zweige und Äste zusammen.

Dann streichelt sie den alten Baum und tanzt auf dem Eis so schön und zierlich, dass dem alten Baum so manche Harztränen herunterlaufen. Leilee tanzt nur für ihn, ihren Lebensretter.

Schwänli und die drei Wassernixen

Es ist ein schöner sonniger Wintertag. Der Wald ist tief im Schnee eingebettet, dazu ist es frostig kalt und der Waldsee zugefroren. Ganz und gar zugefroren. Da sitzt nun Schwänli, eine herrlich weiße Schwanendame, allein am Ufer im Schnee und sieht traurig auf die Eisfläche.

„Wenn es nicht bald wieder taut, dann muss ich wohl verhungern", klagt Schwänli leise. „Das Eis ist zu dick, das kann ich mit meinem Schnabel nicht mehr aufbrechen."

Da kommen zwei kleine Häschen herbeigehoppelt. Mitleidsvoll schauen sie auf den Schwan, dann sagt ein Häschen: „Wir haben noch ein bisschen Heu und einige Rüben in unserer Vorratskammer, willst du vielleicht etwas davon?"

Schweigend schüttelt Schwänli ihren Kopf. „Nein, danke, ich kann euer Futter nicht vertragen. Mir bekommen nur Wasserpflanzen, aber die sind ja jetzt eingefroren."

Plötzlich kracht und knarrt das Eis auf dem See. Was ist da nur los? Neugierig läuft Schwänli über das Eis. Da bricht das Eis auseinander und ein Wasserloch macht sich breit.

Plötzlich tauchen drei wunderschöne Wassernixen auf und winken Schwänli zu. „Hallo Schwänli, wir haben für dich das Eis gesprengt. Na ja, der Wassermann hat uns schon ein bisschen dabei geholfen. Er ist ja so stark, musst du wissen. Komm nur näher, du brauchst keine Angst haben. Du kennst uns doch! Weißt du noch, im Sommer, da haben wir gemeinsam mitten in den Wasserrosen gespielt?"

Da hüpft das Schwanenherz von Schwänli vor Freude. Natürlich kennt sie die drei lieblichen Wassernixen und kann sich auch noch gut an den warmen Sommer erinnern, in dem sie alle zusammen so schön gespielt haben. Schnell läuft Schwänli zu den drei Nixen und springt sofort in das offene Wasser. Ach, das tat gut. Wie herrlich es ist, wieder Wasser zu fühlen, jetzt kann sie endlich nach unten tauchen, um sich die Wasserpflanzen zu holen.

Aber das braucht Schwänli gar nicht, denn flugs tauchen die drei Wassernixen ab und einen Augenblick später sind sie auch schon wieder da. In ihren Händen halten sie saftig grüne Wasserpflanzen.

„Für dich, liebe Schwänli", sagen die Nixen und überreichen der Schwanendame das frische Grünfutter.

Sogleich stürzt sich Schwänli auf das Grünzeug, denn sie hat ja schon tagelang nichts mehr gefuttert. Oh, wie das schmeckt. Endlich fühlt sie sich wieder stark und ihr wird wohlig warm unter ihren weißen Federn.

„Bitte lasst mich nicht allein", bittet Schwänli die Nixen. „Ich habe solche Angst, dass der See sonst wieder zufriert."

„Keine Angst", beruhigen die Nixen den Schwan, „wir bleiben so lange bei dir, bis das Tauwetter einsetzt. Wir und der Wassermann halten das Wasserloch offen, sodass du auch selbst tauchen kannst."

Da freut sich Schwänli und mit ihr freuen sich auch die vielen großen und kleinen Fische, denn die bekommen nun wieder genügend frische Luft.

Aber das ist noch nicht alles. Einige Tage später kommt Schwano, ein stattlicher junger Schwanenbursche, herangeflogen und lässt sich neben Schwänli nieder. Er hat gehört, dass sich hier ein Wasserloch befindet und ein überaus hübsches Schwanenfräulein noch dazu. Na, das lässt er sich doch auf keinen Fall entgehen! Seitdem sind die beiden ein glückliches Schwanenpaar und haben zusammen mit den Wassernixen den ganzen Winter lang recht viel Spaß.

Der Tannenelf

Der Winter hat den ganzen Wald in ein funkelndes Märchen verzaubert. Ach, wie schön, so still und verwunschen sehen die Tannenbäume unter ihrer Schneedecke aus. Nur da oben auf den Tannenzweigen, da sitzt ein Elf. Es ist der Tannenelf. Er sitzt da und schaut ein bisschen wehmütig in die Ferne. Da kommt eine Blaumeise herbeigeflogen und setzt sich zu dem Elf.

„Störe ich?", fragt die Meise.

„Nein, du störst überhaupt nicht", entgegnet der Elf. „Im Gegenteil, ich bin froh, wenn ich ein bisschen Gesellschaft habe. Es ist so still, so ohne Regung, so ohne Leben, wie es scheint."

„Ach, meinst du? Und wir? Die bunten regen Vögel? Sind wir denn kein Leben? Wir flattern, tschilpen, rufen, ja, wir streiten uns sogar, wenn es nötig ist. Was meinst du, was da für ein Leben herrscht."

„So meine ich das nicht. Ich weiß doch, dass ihr und die Eichkätzchen am lebhaftesten seid. Natürlich, wer weiß das nicht! Nein, ich meine, ich bin oft so einsam hier auf meinem Tannenbaum. Ich vermisse … na ja, … mal mit jemandem von Elf zu Elf zu sprechen. Im Sommer sind genug andere zum Sprechen da. Dann gibt es die Schmetterlings-Elfen, die Blumen-Elfen, die Moos-Elfen, die Sonnen-Elfen und so weiter. Ach, du weißt schon, was ich meine", erwidert der Elf und seufzt tief.

„Ach, du suchst einen Elf? Aha, das ist es. Ja, ich verstehe. Du, da weiß ich schon jemanden! Ja, natürlich, erst gestern habe ich sie gesehen. Sie saß unten im Dorf auf einem geschmückten Tannenbaum. Sie war umringt von lauter Kerzenlicht und von goldenen Kugeln, die Tannenzapfen hingegen waren aus Silber. Stell dir vor, Tannenzapfen aus Silber", erzählt die Blaumeise und flattert ganz aufgeregt mit ihren Flügeln.

Da macht der Tannenelf große Augen. Tannenzapfen aus Silber? Goldene Kugeln? Und eine Elfe sitzt da mittendrin? Das muss ja eine ganz besondere Elfe sein.

Wahrscheinlich ist sie sogar eine Elfenkönigin. Oh, wie aufregend! Ach, könnte er doch einmal diese Elfe sehen.

„Warum fliegst du denn nicht ganz einfach zu ihr hin?", meint die Blaumeise.

„Nein, das traue ich mich nicht", ruft der Elf, „und überhaupt, ins Dorf hinunter, wo so viele Menschen sind!"

„Also gut, dann werde ich eben ins Dorf fliegen und mit der Elfe reden. Vielleicht kommt sie zu dir, vielleicht ist sie ja auch einsam", sagt der Vogel.

Mit diesen Worten fliegt er auch schon weg, hinunter in das Dorf. Mit gemischten Gefühlen schaut der Tannenelf dem kleinen Vogel hinterher. Wird die Elfe denn wohl überhaupt zu ihm kommen? Aber ja, sie kommt, da ist sie wirklich! Es ist eine Tannenzapfen-Elfe, keine Elfenkönigin. Die Blaumeise hat ihr von dem Tannenelf erzählt, der sich ein bisschen einsam fühlt.

„Aber da unten im Dorf, auf dem Tannenbaum mit den goldenen Lichtern, an dem die silbernen Tannenzapfen hängen, da ist es doch viel schöner als hier? In meinem Tannenbaum sind ja nur ganz gewöhnliche braune Tannenzapfen", sagt der Elf und schaut dabei etwas verlegen.

Da lacht die Elfe, fasst ihn an die Hand und sagt: „Ach, das ganze Gold und Silber ist ja nicht echt, es ist alles nur mit Farbe bemalt. Außerdem habe ich die richtigen Tannenzapfen viel lieber. Schließlich bin ich ja auch eine echte Tannenzapfen-Elfe mit einem braunen Tannenzapfen-Kleid und braunen Tannenzapfen-Stiefeln."

Da ist der Elf erleichtert und gemeinsam lassen sie sich auf einem Tannenzweig nieder. So erzählen sie sich nun gegenseitig die schönsten Wintermärchen.

Der Eisvogel und das Schneeglöckchen-Elfchen

Der Winter ist noch lange nicht zu Ende, da ragt aus dem Schnee schon ein spitzes grünes Blättchen hervor.

„Nanu, was ist denn das", wundert sich der Eisvogel, der auf einem Ast sitzt und sich gerade die Federn putzen will. Das muss ich mir doch näher ansehen, denkt er, fliegt hinunter und setzt sich neben das zarte grüne Blättchen.

„Bist du schon der Frühling", fragt er.

„Ja, eigentlich schon", kommt es zaghaft zurück.

„Na, dann komm doch ganz heraus", fordert der Eisvogel das junge Pflänzchen auf.

„Meinst du wirklich?", fragt das dünne Stimmchen. „Werde ich dann auch nicht erfrieren?"

„Das weiß ich nicht, aber ich kann dich ja ein bisschen wärmen mit meinen warmen Federn."

„Versprichst du mir das auch?"

„Also gut, versprochen ist versprochen und wird auch nicht gebrochen", erwidert der Eisvogel und rückt gleich näher an das zarte Pflänzchen heran.

Da schiebt sich das Pflänzchen ganz aus dem Schnee. Der Eisvogel ist ganz erstaunt, als er sieht, dass sich ein kleines liebliches Elfchen an das Pflänzchen klammert.

„Potzblitz, wer bist denn du?"

„Ich bin das Schneeglöckchen-Elfchen. Oder hast du etwa geglaubt, das Pflänzchen redet mit dir?"

„Puh, nun ja, ach nein, nicht wirklich. Aber gewundert hat es mich schon", erwidert der Vogel ein bisschen verlegen. „Was machst du hier im Eis und Schnee, der Frühling ist meiner Ansicht nach noch ganz weit weg."

„Ja, du hast recht. Ich bin ein bisschen zu früh aus der Erde gekrochen. Aber Mutter Erde hat mir einen wichtigen Auftrag gegeben. Ich muss ganz zeitig die Schneeglöckchensamen verbreiten. Damit hat mich Mutter Erde beauftragt, denn es gibt viel zu wenig Schneeglöckchen, hat sie gesagt", erklärt das Elfchen.

Sogleich zerrt es einen großen Beutel, prall gefüllt mit Schneeglöckchensamen, aus dem Schnee.

„Aha, ich verstehe, aber wie sollst du das schaffen? Alles ist noch mit Schnee und Eis bedeckt?

„Ach, ich weiß auch nicht, Mutter Erde hat sich wahrscheinlich geirrt. Ich krieche am besten wieder unter die Erde zurück und warte, bis es richtig warm wird", meint das Elfchen und taucht ab in den Schnee.

„Halt, warte", ruft der Eisvogel, „ich kann dir doch helfen."

„Und wie?", fragt das Elfchen neugierig.

„Pass auf, ich habe da eine Idee. Klettere auf meinen Rücken, dann fliegen wir flach über den Schnee hinweg und du kannst die Samen von oben herabstreuen. Was meinst du, würde das gehen?"

Da krabbelt das Elfchen wieder aus dem Schnee heraus und umarmt den Eisvogel voller Freude. „Ja, so machen wir's", jauchzt das Elfchen und steigt flink auf den Rücken des Vogels. Der nimmt den Samenbeutel in seinen kräftigen Schnabel und hebt zusammen mit dem Schneeglöckchen-Elfchen ab in die Luft. So fliegen sie nun über das Land und lassen die Schneeglöckchensamen hinunter in den Schnee rieseln. Und wenn der Schnee im Frühling schmilzt, dann sinken die Schneeglöckchensamen in die weiche Erde hinein. Sobald sie wachsen und gedeihen, läuten die vielen Schneeglöckchen das Frühjahr ein. Darüber freuen sich alle, aber am meisten freuen sich der Eisvogel und das Schneeglöckchen-Elfchen.

Der alte Besen

Ganz schief unter einem alten Tannenbaum, da steht ein kleines Holzhäuschen. Klein sind die Fenster und die Tür ist fast gar nicht zu sehen, so hoch liegt der Schnee. Aus dem leicht zerbröckelten Schornstein steigt dünner Rauch empor, was bedeutet, dass im Häuschen der Ofen brennt und seine Wärme ausgiebig verbreitet. Gerade kommt ein altes rundes Weiblein in die warme Stube und schaut durch ihre kleine Brille hinaus zum Fenster. Ja, da steht er immer noch, der dicke Schneemann. Erst gestern hat sie ihn gebaut und Kasimir, der schwarze Kater, hat dabei zugesehen. Als der Schneemann fertig war, nannte Kasimir ihn Schneeflocke. Nun ja, der Name passt auch sicherlich zu diesem schönen Schneemann. Doch eine Sache fehlt ihm noch! Aber was? Sinnend schaut sie immer wieder auf den Schneemann. Es will ihr einfach nicht einfallen, was ihm noch fehlt.

„Komm", sagt sie zu Kasimir, „gehst du mit? Ich muss noch den Haufen Schnee vor der Tür wegkehren."

„Miau, nein, ich bleibe lieber vor dem warmen Ofen liegen. Mach du das allein."

„Du alter Faulpelz", lacht das alte runde Weiblein. „Dann werde ich wie immer alles selbst machen."

Dann stemmt sie sich gegen die Tür, doch die geht nur mit viel Mühe ein bisschen auf. Gerade weit genug, um hinaus zu schlüpfen. Da steht sie endlich draußen und stapft durch den Schnee zu dem kleinen Schuppen hinüber. Darin stehen verschiedene Geräte sowie die Gartenschaufel, der Waschzuber, Hämmer und Nägel, eine rostige Säge und noch vieles mehr. Aber das braucht das alte Weiblein alles gar nicht. Nein, sie braucht jetzt erst einmal einen Besen, um den ganzen Schnee wegzukehren. Ah, da entdeckt sie den Besen auch schon. Er steht ganz hinten in der Ecke. So gut sie es mit ihren alten Knochen schafft, kehrt sie ein wenig später den Schnee vor ihrer Tür weg. Ihr Rücken tut ihr weh und so setzt sie sich schon bald auf die schneebedeckte kleine Gartenbank, die unter dem Fenster steht. Da lacht der Schneemann sie freundlich an. Plötzlich fällt dem alten runden Weiblein ein, was ihm fehlt. Ja, aber natürlich, ein Besen. Oh, wie dumm von ihr, dass sie nicht früher daran gedacht hat. Ein Schneemann ohne Besen, das geht doch wirklich nicht. Also drückt sie flugs dem Schneemann den Besen in die Hand. Oh ja, nun ist er fertig, der Schneemann. Aber was ist denn das? Nein, das kann doch gar nicht sein.

Der Schneemann dreht plötzlich seinen Kopf zu ihr und spricht mit einer klaren Stimme: „Na, endlich hast du mir meinen Besen wiedergegeben. Na ja, er gehört zwar nicht direkt mir, aber meinen Vorvätern. Vor vielen Hundert Jahren hat die Hexe Gundula meinem Ur Ur Ur Schneemanngroßvater diesen Besen geschenkt. Du musst wissen, das ist kein gewöhnlicher Besen, sondern ein echter Hexenbesen. Er kann zaubern und sogar fliegen. Aber das kann er nur im Winter. Und jeder Schneemann, der ihn in seine Hände kriegt, der kann sprechen und sich bewegen, aber auch auf dem Besen fliegen. Nun würde mich sehr interessieren, woher du den Hexenbesen hast?"

Mit großen Augen hört das alte runde Weiblein dem Schneemann zu. Sie kann es kaum glauben, ein Schneemann, der spricht und sich bewegt und dazu noch einen echten Hexenbesen in seinen Händen hält! Sprachlos sinkt sie zurück auf die Bank. Es dauert eine ganze Weile, bis sie sich wieder gefasst hat. Endlich sagt sie: „Ich weiß es leider nicht. Der Besen steht schon immer dort, seitdem ich hier wohne. Ich habe wirklich keine Ahnung, wer ihn dort hingestellt hat. Ich habe schon so oft mit ihm gefegt, aber nie gewusst, dass er ein echter Hexenbesen ist. Pfff, was es nicht alles gibt."

„Ja, das stimmt", lacht der Schneemann. „Hast du nicht Lust, mit mir eine kleine Runde zu fliegen? Das wäre zu schön und der Besen freut sich bestimmt auch, wenn er wieder durch die Lüfte sausen kann."

Sogleich nickt der Besen und wedelt mit seinem Besenbündel.

Darüber muss das alte runde Weiblein laut lachen und antwortet: „Ach ja, ich hätte schon Lust, aber ist das nicht gefährlich?"

„Na, wo denkst du hin! Setz dir einen Hexenhut auf und dann geht's los", ruft der Schneemann laut und wirft seine Mütze hoch in die Luft.

Da wird das alte runde Weiblein auf einmal wieder jung und läuft so schnell es geht ins Häuschen. Dort setzt sie sich einen alten schwarzen Hut auf, der mit einem Hexenhut viel gemeinsam hat. Kasimir will natürlich auch mit, denn das lässt er sich keinesfalls entgehen. Er ist ja schwindelfrei und so eine Besenluftreise macht man doch nicht alle Tage.

Ein wenig später sitzen alle drei auf dem Hexenbesen.

Als der Schneemann über den Besenbündel streicht, steigt der Besen sogleich hinauf. Schon schwebt er einige Meter über dem schneebedeckten Gärtchen. Alle gut festhalten! Da fliegt er auch schon höher und höher. Das ist ein Spaß und alle lachen und jauchzen vor Freude. Sogar Kasimir miaut in den höchsten Tönen, aber nicht kläglich, sondern freudig.

Und so wird aus dem alten runden Weiblein am Ende noch eine richtige Hexe, die sich nun jedes Jahr auf den Winter freut, denn dann kann sie wieder mit dem Schneemann zusammen durch die Lüfte sausen.

Was es nicht alles gibt.

Regen, Hagel, Schnee

Die Winter-Elfe sitzt gemütlich auf einer Baumwurzel und sonnt sich ein wenig in der Wintersonne.

„Wie herrlich die Wintersonne doch ist, nicht zu warm und auch nicht zu kalt", murmelt die Elfe.

Plötzlich flattert etwas Weißes an sie heran. Es ist ein kleines süßes Elfchen.

„Was bist du denn für eine Elfensorte?", fragt die Winter-Elfe neugierig.

Da lacht das kleine süße Elfchen und erwidert: „Ich bin ein Schneeflocken-Elfchen und schwebe zum ersten Mal hinunter auf die Erde."

„Na, dann würde ich mal schnell aus der Sonne gehen, sonst schmilzt du noch", meint die Winter-Elfe.

„Oh, wie gut, dass du mich daran erinnerst. Unsere Lehrerin, Frau Holle, hat uns schon von der Sonne erzählt. Sie hat uns davor gewarnt, wie gefährlich die Sonne für uns ist", sagt das Elfchen und setzt sich schnell in den Schatten.

„Und was machst du hier auf Erden?", will die Winter-Elfe genau wissen.

„Nun ja, ich bringe den Schnee auf die Erde, das ist meine Aufgabe", antwortet das Schneeflocken-Elfchen.

„Oh, dann bring mal den Schnee", fordert die Winter-Elfe das Schneeflocken-Elfchen heraus.

„Pass mal gut auf, gleich geht's los", ruft das Schneeflocken-Elfchen und klatscht drei Mal in seine Hände. „Kommt, es ist höchste Zeit, dass es hier auf Erden schneit."

Das Schneeflocken-Elfchen glaubt, dass es nun schneien wird. Doch es irrt sich. Anstelle von Schneeflocken fallen dicke Regentropfen aus den Wolken, die sogleich eine Eisfläche bilden.

„Oh, was habe ich nur falsch gemacht?", ruft das Schneeflocken-Elfchen erschrocken und schaut entsetzt auf den vereisten Wald.

„Vielleicht hast du deinen Spruch verkehrt aufgesagt", meint die Winter-Elfe. „Probiere es doch noch einmal."

„Ja, das mache ich." Wieder klatscht das Schneeflocken-Elfchen in seine Hände und ruft: „Ihr Schneeflocken, kommt und macht euch bereit, dass es hier auf Erden schneit."

Und da beginnt es auch schon kräftig zu hageln. Die dicken Körner prasseln nur so hernieder, dass es lärmt und kracht.

Schnell suchen die beiden Elfen Schutz in einer Baumhöhle.

Vorwurfsvoll blickt die Winter-Elfe das Schneeflocken-Elfchen an und sagt: „Ich glaube, du rufst besser gar nichts mehr herbei, bevor noch ein Unglück passiert. Du hast den Schneeflockenspruch ja vollkommen vergessen. Du bist einfach noch zu klein für so eine große Aufgabe."

Ehe das kleine Schneeflocken-Elfchen antworten kann, erscheint eine etwas mollige, aber sonst sehr adrette Frau. Streng schaut sie auf das kleine Elfchen und sagt: „Habe ich dich endlich gefunden, du ungehorsames Ding. Schau mal, was du alles angerichtet hast. Du dachtest sicher, was Frau Holle kann, das kann ich auch. Los, marsch, nach Hause mit dir."

Schuldbewusst senkt das Elfchen sein Köpfchen und bittet Frau Holle um Verzeihung. „Ich werde das nie wieder tun", verspricht das Elfchen.

Und als Frau Holle den Hagel und das Blitzeis aufgeräumt hat, beginnt es sachte zu schneien. So leise, so schön, so sanft, wie eben nur Schneeflocken schweben. Kein Wunder, denn sie kommen ja auch direkt von Frau Holle.

Die Hochzeit

„Sehen Sie, ich habe doch gesagt, dass es diesen Winter nicht so kalt wird", sagt Eduard, das Eichhörnchen, zu Frau Amsel.

„Ja, da haben wir bis jetzt Glück gehabt", meint die Amsel und holt sich aus dem Moos noch einen dicken Wurm. Und das mitten im Winter, man kann es gar nicht glauben. Keine einzige Schneeflocke ist bisher vom Himmel gefallen und die Schneekönigin, der Eismann und der Nordwind lassen sich auch überhaupt nicht blicken.

Was ist denn da bloß los im hohen Norden? Niemand weiß das. Auch der Wolkenreiter, der doch überall hinkommt, weiß es nicht.

„Es ist ungewöhnlich still im hohen Norden", sagt er und reitet auf seinem Wolkenpferd wieder weiter.

Es wird Nacht. Der Vollmond erscheint mit seinen silberweißen Strahlen und leuchtet auf die Erde hernieder.

„Der Mond strahlt aber heute Nacht ganz besonders schön", sagt der große Uhu. „Ich kann sogar das kleinste Mauseloch erkennen."

„Das ist kein gutes Zeichen", meint Hermelinchen, die neben dem Uhu sitzt.

„Wie meinst du das?", fragt der Uhu.

„Weißt du was, wir fragen einfach den Mond, was los ist. Er wird es uns schon erzählen", sagt Hermelinchen.

Und ohne eine Antwort abzuwarten, ruft sie zum Mond hinauf: „Hallo Mond, warum strahlst du heute Nacht so hell?"

„Wollt ihr das wirklich wissen?", schallt der Mond hinunter.

„Ja", rufen Hermelinchen und der Uhu gemeinsam hinauf.

„Also gut, dann werde ich es euch erzählen. Ich komme aber erst einmal hinunter zu euch, denn das Geschrei mitten in der Nacht gehört sich nicht."

So lässt sich der Mond in den Baum fallen und bleibt mitten im Astgewirr hängen.

„Hört", beginnt er, „ihr fragt, warum ich so hell leuchte? Na, das muss ich wohl, denn auf einer Hochzeit, da will man sich doch extra fein herausputzen."

„Auf einer Hochzeit? Wer hat denn geheiratet?", fragt der Uhu.

„Unterbrich mich nicht", erwidert der Mond ein bisschen ungeduldig. „Ja, eine Hochzeit. Und soll ich euch etwas sagen, es war eine wunderschöne Hochzeit. Viele Gäste waren geladen, sogar die vielen kleinen Schneewichtel, die ihr sicher auch kennt. Da waren der Eiszapfenprinz, der Frostkönig, die Schneeflockenelfen, die Kristallkönigin und so viele andere. Na, eben alles, was von Rang und Adel war. Und natürlich auch die Diener und Ober, denn es wurden ja köstliche Gerichte aufgedeckt. Und es gab auch eine riesengroße Eiszapfenorgel. Darauf spielte Lawina! Ihr wisst schon, wen ich meine? Genau, die gefährliche Lawina. Aber ich muss zugeben, dass sie wunderschön Orgel spielen kann. Und zum Schluss tanzte Aurora mit ihrem himmelweiten und farbenprächtigen Kleid über den nächtlichen Himmel – und ich tanzte auch einmal mit ihr. Das war ein Traum, sage ich euch."

„Ach, jetzt verstehe ich", ruft Hermelinchen, „du hast Aurora, das Nordlicht, geheiratet."

„Unsinn, ich heirate doch nicht. Nein, ich doch nicht."

„Na, wer hat denn dann geheiratet", rufen Hermelinchen und der Uhu wie aus einem Mund.

„Ach, habe ich das noch gar nicht erwähnt?"

„Nein, so sag es schon."

„Na, die Winterkönigin und König Nordwind."

„Oh", rufen die beiden wieder und dann wird es ganz still.

„Freut ihr euch denn gar nicht für das glückliche Paar?", fragt der Mond.

„Nein, überhaupt nicht, denn das bedeutet, dass der Winter nun wirklich anfängt. Mit Frost, Schnee und Eis, alles zusammen mit dem überaus kalten Nordwind. Brrr, mir wird schon ganz kalt, wenn ich nur daran denke. Ich werde mich damit beeilen meinen Wintervorrat aufzufüllen, denn ich glaube, das gibt einen langen und eiskalten Winter", sagt der Uhu und schüttelt seine Federn.

„Na, was habe ich euch gesagt? Wenn der Mond so hell scheint, ist das kein gutes Zeichen, dann wird es kalt", meint Hermelinchen und läuft schnell den Baum hinauf zu ihrer Höhle. Sie will diese noch wärmer und kuscheliger gestalten.

Das spricht sich im ganzen Wald herum. Alle Tiere, ob groß oder klein, sorgen nun dafür, dass sie den kalten Winter so gut wie möglich überstehen. Sie sind gerade rechtzeitig fertig, da kommt auch schon der Nordwind mit der Winterkönigin herbeigetanzt. Sie tanzen und wirbeln, sie wehen und brausen und mit ihnen die Tausend Schneeflockenelfen.

Auf einmal ist der Winter da, ganz plötzlich über Nacht.

Ein Sternen-Elfchen

Es ist bitterkalt und alles und jeder friert im Wald. Die großen und die kleinen Tiere, aber auch die Pflanzen und die Moose, obwohl schon eine Schneedecke über ihnen liegt. Die Schneedecke ist vereist und schwer. Da erwachen die drei kleinen Mooskinder, denn sie frieren erbärmlich.

„Kommt", sagt das erste Mooskind, „wir vergraben uns noch tiefer im Moos."

Aber das gelingt nicht, denn auch das Moos ist gefroren und bricht in viele Stücke auseinander.

„Was nun?", fragt das zweite Mooskind.

„Ich weiß, dass ganz in der Nähe eine Höhle sein soll. Sie ist zwar klein, aber für uns ist da genug Platz", meint das dritte Mooskind.

„Ja, da ist es vielleicht ein bisschen wärmer als hier", erwidert das erste Mooskind. Sogleich machen sich alle drei Mooskinder auf den Weg zur Höhle. Sie brauchen nicht lange suchen, da finden sie die Höhle auch schon. Ach, hier ist es doch gleich viel wärmer. Die Mooskinder kuscheln sich dicht zusammen auf einen Stein. Aber es ist auch sehr dunkel hier.

„Das ist schon etwas gruselig, so in der Dunkelheit zu sitzen, findet ihr nicht?", flüstert das zweite Mooskind und schaut sich ängstlich um.

„Ja, und die dunklen Schatten an den Höhlenwänden, vielleicht sind das böse Geister", meint das dritte Mooskind.

„Gl-gl-aubst d-d-du?", stottern das erste und das zweite Mooskind erschrocken.

„Wenn es hier doch nur ein bisschen heller wäre. Dann könnten wir den ganzen Winter ohne Furcht in der warmen Höhle überwintern", sagt das dritte Mooskind wieder. „Aber so weiß ich nicht, ob es hier ganz geheuer ist."

Da fällt eine Sternschnuppe vom Himmel.

„Jetzt dürfen wir uns etwas wünschen", ruft das erste Mooskind.

„Und ich weiß auch schon was", sagt das zweite Mooskind.

„Ich auch, ich auch", meint das dritte Mooskind. Und so wünschen sich alle drei Mooskinder, dass ein Stern ihre dunkle Höhle heller macht.

Plötzlich beginnt die Felsenwand in einem hellen Schimmer zu leuchten.

„Oh, schaut nur", rufen die Mooskinder alle zusammen, „wo kommt jetzt das Licht auf einmal her?"

„Von mir", hören sie eine sanfte Stimme sprechen.

Und da erscheint ihnen eine wunderschöne zarte Elfe. Doch es ist keine gewöhnliche Elfe, wie man sie von den Blumenelfen kennt. Nein, sie sieht aus wie ein Sternenwesen.

„Hallo, ihr lieben Mooskinder, ich bin eine Sternenelfe. Ich komme direkt vom Sternenhimmel und habe euch ein Sternchen mitgebracht. Dann ist es hier nicht so dunkel und ihr braucht keine Angst mehr zu haben. Das war doch euer Wunsch?"

Oh ja, eifrig nicken die Mooskinder mit ihren Köpfen. Mit großen Augen sehen sie, wie die Sternenelfe den leuchtenden Stern unter der Felsendecke befestigt. Sogleich strahlt ein helles Licht durch die Höhle.

Nun fürchten sich die Mooskinder nicht mehr und sie bleiben den ganzen Winter über im Warmen. Als sie im Frühling die Höhle wieder verlassen, da bleiben die Felsen drinnen allesamt mit grünem Moos bedeckt zurück.

Der Regenbogenprinz

Früher strahlte der Regenbogen auch im Winter. Da staunt ihr, oder? Aber es war wirklich so. Na ja, zumindest im Märchenland. Da glitzerte der Regenbogen in seinen sieben Farben im Eis und auf dem Schnee. Das war schön anzusehen. Das brachte auch ein bisschen Farbe in das winterliche Weiß und alle freuten sich.

Gerade will der Regenbogenprinz seinen Regenbogen mal wieder über die Erde spannen, da kommt seine Tante, die Wintersonne, herbeigelaufen und ruft: „Halt, heute darfst du deinen Regenbogen nicht spannen, denn heute kommt die Winterkönigin. Und sie bleibt, wie ich gehört habe, eine ganze Weile auf der Erde. Dann wird es viel zu kalt für dich, also bleib schön hier und warte mit deinem Regenbogen solange, bis die Winterkönigin wieder verschwunden ist."

„Aber meine liebe Tante, mir macht die Kälte gar nichts aus, das weißt du doch", entgegnet der Prinz.

„Ja, das weiß ich. Aber wenn die Winterkönigin persönlich kommt, dann wird es sehr kalt. Glaub mir, selbst ich, die Wintersonne, habe dann kaum noch Kraft, um die Erde wenigstens ein bisschen zu erwärmen. Also, bitte hör auf mich und bleibe hier oben bei mir."

„Hm", macht der Prinz, läuft zum Wolkenfenster und schaut hinunter auf die Erde. Wie mag die Winterkönigin wohl aussehen? Er hat einmal gehört, dass sie wunderschön sei. Ja, neugierig ist er schon. Und was, wenn er nur ganz kurz hinunter auf die Erde saust? Das ist doch sicherlich nicht gefährlich, oder? Oh, er will doch so gern die Winterkönigin sehen, nur ein einziges Mal. Er braucht ja auch nicht seinen Regenbogen zu spannen. Nein, das würde er nicht machen.

Der Prinz wirft sich seinen Regenbogenmantel um und schwuppdiwupp saust er hinunter zur Erde. Sofort verschlägt es ihm den Atem. Brrr, wie bitterkalt es hier ist. Tatsächlich, so eine Kälte hat er wirklich noch nie gespürt. Fest schlingt er seinen Regenbogenmantel um sich herum. Plötzlich hört er leise Silberglöckchen läuten.

Erstaunt schaut er sich um und da kommt, gezogen von durchsichtigen Eispferdchen, ein wunderschöner Eisschlitten auf ihn zu. Das Gefährt stoppt genau vor seinen Füßen und eine wunderschöne Gestalt steigt heraus. Sie hat tiefschwarzes Haar, das ein feines Gesicht umrahmt. Und sie hat eisblaue Augen, mit denen sie den Prinzen strahlend ansieht. Sie hat ein wunderschönes Kleid aus Eiskristallen an und der lange durchsichtige Schleier weht leicht von ihren Schultern herab.

Tief schaut sie dem Prinzen in seine Augen, dann sagt sie mit sanfter Stimme: „Du musst der Regenbogenprinz sein. Ich habe schon viel von dir gehört und ich muss sagen, man hat dabei nicht übertrieben. Du bist noch schöner und farbenfroher als ich erwartet habe. Ich bin die Winterkönigin und ich möchte gerne mit dir tanzen. Hast du Lust dazu?"

Da schmilzt das Herz des Prinzen und mit bebender Hand umschließt er ihre schlanke Taille. Zu einer himmlischen Melodie tanzen beide in dem weichen Schnee dahin. Leicht wie eine Schneeflocke schwebt sie in seinen Armen und als sie ihn ganz zart küsst, da öffnet er weit seinen Regenbogenmantel. Vergessen sind die warnenden Worte seiner Tante, vergessen ist die Kälte, vergessen ist alles um ihn herum. Nur sie zählt, nur sie.

Und da geschieht es: Plötzlich erstarrt der Regenbogenprinz mitsamt seinem Regenbogenmantel, der in Tausend kleine Stückchen zersplittert.

Endlich lässt die Winterkönigin den Prinzen los und ein kleines Lächeln umspielt ihren Mund. Dann steigt sie wieder in ihren Eisschlitten und setzt ihre Reise durch das eiskalte Land fort. Ja, seitdem gibt es im Winter keinen Regenbogen mehr, denn der Prinz wagt sich im Winter seitdem nicht mehr auf die Erde.

Nein, niemals kommt er im Winter dahin zurück.

Der Schneemann Ferdinand

Helenchen will den ganzen Tag nur spielen.

„So hilf mir doch ein bisschen in der Küche, du bist jetzt schon elf Jahre alt", sagt Helenchens Mutter oft. Aber nein, Helenchen hat dazu überhaupt gar keine Lust.

„Ich gehe in den Garten hinaus und baue mir einen schönen Schneemann", ruft Helenchen.

Und das Mädchen macht sich an die Arbeit.

„Das ist doch auch Arbeit", meint sie, als sie fertig ist. „Und schön ist er auch geworden."

Zum Schluss stülpt sie ihm noch eine Ofenröhre über sein Schneehaupt, denn einen richtigen Hut kann sie in dem Schuppen nicht finden.

„So", sagt sie zu dem Schneemann, „hiermit taufe ich dich Ferdinand. Ich hoffe, dir gefällt dein Name."

„Wie man's nimmt", antwortet der Schneemann Ferdinand.

„Jetzt schlägt's dreizehn", ruft Helenchen. „Seit wann kann ein Schneemann sprechen?"

„Immer schon! Warum auch nicht? Ihr Menschen hört ja nur nie richtig zu, wenn euer Schneemann etwas zu sagen hat", meint Ferdinand.

„Pfff, nun mach mal bloß halblang. Ich höre dir doch zu, sonst hätte ich dich gar nicht gehört", sagt Helenchen ein bisschen schnippisch.

„Ja, damit hast du auch wieder recht. Nun, wenn ich doch hier stehen muss und noch dazu Ferdinand heiße, dann schlage ich vor, dass wir uns gemeinsam an die Arbeit machen."

„Arbeiten? Wir? Aber ich habe doch gerade gearbeitet. Nein, ich gehe jetzt hinein in die warme Stube und werde mir ein großes Stück Kuchen schnappen, denn ich habe Hunger", sagt Helenchen resolut.

„Ja, geh du nur hinein in die warme Stube, iss Kuchen und mach es dir bequem. Doch fragst du dich denn gar nicht, woher die Wärme eigentlich kommt?"

„Das weiß ich doch, sie kommt von dem Holz, das Vati immer sägt und damit jeden Tag den großen Kachelofen anheizt. Das weiß doch jedes kleine Kind", entgegnet Helenchen.

„Eben, das Holz. Du könntest doch den Korb mit Holz auffüllen und mit in die Stube nehmen. Da würde sich deine Mutti bestimmt freuen", meint Ferdinand.

„Ja, das könnte ich. Und wenn Mutti sich freut, dann bekomme ich sicher ein extra Stück Kuchen", ruft Helenchen und rennt flink zum Holzschuppen hinüber. Dort füllt sie den Korb mit Holz auf und schleppt ihn in die gute Stube.

„Das ist aber lieb von dir", lobt ihre Mutter sie, „dann bekommst du auch ein extra großes Stück Kuchen und ich mache dir einen warmen Kakao dazu."

Helenchen fühlt sich mit einem Mal so fröhlich und hat Lust, noch mehr zu tun.

„Dann kannst du die Wäsche schön säuberlich zusammenlegen und danach das Vogelhäuschen draußen füllen. Wir wollen unsere lieben Vögelchen im Winter doch nicht vergessen", sagt die Mutter und überreicht Helenchen einen Korb. Dieser ist gefüllt mit Vogelfutter, Äpfeln, getrockneten Keksen, Kastanien und noch mehr leckeren Sachen für die Waldtiere.

Ja, und es macht Helenchen so viel Freude, als sie sieht, wie sich auch die Vögel über das gute Futter freuen. Da kommen auch schon einige Rehe und Häschen, die verlangend ihre süßen Schnuppernäschen nach oben richten.

„Ihr wollt auch etwas? Nehmt nur, es ist genug da", sagt Helenchen und sie reicht den Waldtieren das gute Futter. Es kommen immer mehr Waldtiere hinzu. Auch die Eichkätzchen lassen sich nicht lange bitten und die Mäuschen krabbeln sogar in den Korb hinein. Das ist ein wunderbares Erlebnis für Helenchen. Es macht ihr großen Spaß, den scheuen Waldtieren so nahe zu sein. Seitdem sorgt Helenchen jeden Tag für genügend Holz, hilft der Mutter in der Küche und sorgt den ganzen Winter mit reichlich Futter für die Waldtiere.

Und Ferdinand, der Schneemann, sagt nichts mehr dazu, denn er grinst bloß. Er grinst den ganzen Winter lang, so wie es die meisten Schneemänner tun.

Blumen im Schnee

Im Winter hat der kleine Gärtnerjunge Hannes nicht viel zu tun. Nur in seinem kleinen Glashaus, da hat er noch einige Pflänzchen und Blumensamen übrig. Diese versorgt er so gut er nur kann. Er kann das Glashaus nicht heizen, deshalb ist es dort eigentlich zu kalt. So schützt er die zarten Pflänzchen und den Blumensamen mit Erde und Filzdecken. Draußen wird es immer kälter und drinnen im Glashaus auch. So beschließt Hannes seine Pflänzchen und die Blumensamen in seine warme Stube zu bringen. Und so passiert es: Er rutscht aus und alle Blumensamen fallen aus dem kleinen Schälchen in den Schnee. Ach herrje, wie entsetzlich, jetzt hat er keine Blumensamen mehr. Das bedeutet, dass er nächsten Sommer auch keine Blumen in seinem kleinen Gärtchen aussäen kann. So kann er nächstes Jahr wiederum keine Blumen verkaufen. Nur ein paar Pflänzchen sind noch übrig und die sind nun schon halb erfroren. Hannes versucht die Blumensamen zu retten, aber die meisten liegen schon tief im Schnee und haben sich miteinander vermischt.

Mit Tränen in den Augen läuft er ins Haus, wo seine Großmutter schon auf ihn wartet. Sie tröstet ihn so gut es geht, doch Hannes bleibt traurig. Den ganzen Winter über versucht Hannes die paar Pflänzchen, die er noch hat, zu retten. Aber es ist wohl zu warm in der guten Stube. Mit der Zeit siechen alle Blumen dahin und nun hat Hannes gar nichts mehr.

Es ist kurz vor Weihnachten, da läuft Hannes wieder einmal in sein kleines Gärtchen und entdeckt einige grüne Spitzen, die aus dem Schnee herausragen. Das kann doch gar nicht sein! Das sind doch Pflanzenspitzen! Hannes traut seinen Augen nicht. Äußerst vorsichtig fegt er mit seinen Händen den Schnee rund um die grünen Pflanzenspitzen beiseite. Vor Erstaunen werden seine Augen ganz groß. Das sind tatsächlich kleine Pflänzchen und sie haben auch schon zarte Knospen. Wie ist das nur möglich? Hier im Schnee und Eis wachsen Pflanzen und bekommen auch noch Blüten. Hannes kann sich keinen Reim darauf machen. Er kennt diese Pflänzchen überhaupt nicht.

Die Blumensamen, die er hier im Schnee verloren hat, waren ganz gewöhnliche Sommerblumensamen. Hannes versteht nun gar nichts mehr, aber er will diese neuen Pflanzen gut behüten und beschützen. So legt er rund um die Pflänzchen warmes Stroh und Filzdecken aus. Und dann kommt der Weihnachtstag. Der Neuschnee glitzert genauso schön wie der kleine Weihnachtsbaum, der mitten in der warmen Stube steht. Es riecht herrlich nach Zimtkuchen und Tannenreisig. Hannes Großmutter hat ihm warme Socken gestrickt, doch umgekehrt hat Hannes kein Weihnachtsgeschenk für seine Großmutter. Ihm fehlt das Geld, um ihr eins zu kaufen. Traurig läuft er hinaus in den Garten zu seinen neuen Pflänzchen. Dort angekommen, reißt er auch schon seine Augen weit auf. Da blühen mitten im Schnee wunderschöne weiße Blumen. Erfreut bückt er sich, um einige davon zu pflücken. Nun hat er doch noch ein wunderschönes Geschenk für seine Großmutter. Doch wie soll er die Blumen nennen? Es sind ja noch ganz neue, völlig unbekannte Blumen in dieser Welt.

Da hört er eine zarte Stimme hinter sich, die zu ihm sagt: „Du sollst sie Christrosen oder Schneerosen nennen, so will es der Weltengärtner."

Erstaunt dreht sich Hannes um und sieht einen kleinen Engel vor sich stehen. Freundlich nickt der Engel ihm zu und verschwindet wieder. Ganz benommen von diesem Ereignis läuft Hannes mit seinen neuen Blumen, den Christrosen, zurück ins Haus. Dort erzählt er seiner Großmutter aufgeregt von dem Engel und von den neuen Blumen. Seine Großmutter ist überglücklich, dass Hannes nun durch den Verkauf seiner Christrosen einen bescheidenen Wohlstand erreicht. Seitdem sind Christrosen oder Schneerosen auf der ganzen Welt heiß begehrt.

Ein Kasperltheater

Es ist kalt draußen im tiefen verschneiten Wald. Da bleiben auch die Wichtelkinder nicht mehr lange im Schnee. Sie bleiben lieber drinnen in der warmen Stube, wo der Holzofen so schön warm und kuschelig knistert, und trinken heißen Hagebuttentee. Und die Wichtelschule? Die fällt aus in der Zeit.

Oft sagen die Wichteleltern: „So geht doch ein bisschen hinaus an die frische Luft, das wird euch guttun."

Aber nein, die Wichtelkinder möchten nicht raus. Sie spielen lieber Spiele wie Wichtel ärger dich nicht, blindes Käferlein oder Schattenspiele an der Wand. So sind sie den ganzen Tag hinter dem warmen Ofen und schon bald geht kein einziges Wichtelkind mehr vor die Tür.

So geschieht, was die Wichteleltern befürchtet haben.

Die Wichtelkinder verlieren ihre roten Bäckchen, ihre kleinen roten Näschen und ihre strahlenden Augen. Da ist kein Funken Unternehmungslust mehr vorhanden, da blitzt es nicht mehr vor lauter Schabernack und das leise Kichern und heimliche Flüstern hat auch längst aufgehört.

Zu allerletzt schlafen die Wichtelkinder viel zu lange in ihren Bettchen und wollen auch gar nicht mehr aufstehen. Selbst ihr gesunder Appetit ist verschwunden. Sie schleichen mit müden Augen, bleichen Wangen und hängenden Schultern durch das Haus. Sie schauen lustlos durch das Stubenfenster und schließlich wird ein Wichtelkind nach dem anderen krank.

„So geht das nicht mehr weiter", ruft der Wichteldoktor in der Versammlung. „Die Kinder müssen hinaus an die frische klare Winterluft. Hinaus in die Wintersonne und mit den Eichkätzchen spielen oder einen Schneemann bauen."

„Ja, und Schlittschuhfahren auf dem Waldsee", meint eine Wichtelgroßmutter. „Das haben wir früher auch immer gemacht."

„Und mit dem Schlitten die Hügel hinuntersausen", fügt ein Wichtelvater hinzu.

„Aber sie wollen ja nicht. Nur ein klitzekleines Weilchen sind sie draußen und dann kommen sie halb erfroren wieder zurück", meint eine Wichtelmutter. „Was sollen wir bloß tun, wir können sie ja nicht aussperren?"

„Nein, das können wir sicher nicht. Die Kinder müssen Spaß daran haben draußen zu sein. Also müssen wir sie nach draußen locken, aber wie?", erwidert ein Wichtelgroßvater.

„Ich weiß es", ruft da laut ein anderer Wichtelvater. „Wir bauen für sie ein Kasperltheater. Ihr wisst schon, mit dem Kasperle, dem Krokodil und der Prinzessin. Und in dem Stück spielen wir ihnen vor, wie ungesund und schlecht das Stubenhocken ist. Was meint ihr?"

Die Wichteleltern sind begeistert und machen sich an die Arbeit. Die Wichtelväter bauen das Kasperltheater und die Wichtelmütter basteln die Figuren dazu. Als alles fertig ist, bauen sie das Theater mitten im Schnee auf und laden die Wichtelkinder dazu ein.

Da kommen sie auch schon, die Wichtelkinder, und freuen sich auf das Kasperltheater. Das gibt sicher eine spannende Geschichte. Als das Krokodil die Prinzessin und Kasperle endlich wieder freilässt, ist die Freude groß. Nun, eigentlich sind sie plötzlich alle ganz froh darüber, dass sie hinausgehen können, wann immer sie wollen. Und ans Heimgehen denken die Wichtelkinder noch lange nicht. Wenn sie doch gerade einmal alle zusammen sind, können sie doch direkt zusammen einen Schneemann bauen.

„Und nachher gehen wir noch rodeln", ruft der älteste Wichteljunge.

„Aber Schlittschuhlaufen auch", meint ein Wichtelmädchen mit leuchtenden Augen.

Da blitzen die Wichtelkinderaugen wieder, da leuchten die roten Bäckchen und manches Näschen beginnt zu tropfen. Erst als es dämmert, laufen sie alle nach Hause zu ihren Wichteleltern. Und was haben sie alle nasse Kleider an und einen mächtigen Hunger dazu.

Aber das macht den Wichtelmüttern und -vätern gar nichts aus. Sie sind froh, dass ihre Kinder endlich wieder draußen sind.

Hannes, der Feldwebel

Über das kahle Feld braust der Nordwind herbei. Er bringt viel Schnee und Kälte mit. Er hat freies Spiel, denn nichts stellt sich ihm entgegen. Nichts?

Na ja, da steht doch einer, auf einem Bein, mitten auf dem Ackerfeld. Und wie es aussieht, friert er ganz erbärmlich, denn seine Kleider sind vollkommen durchlöchert und zerrissen. Von seinem Strohhut ist auch nicht mehr viel übrig. Ach, der Ärmste. Doch der Nordwind kennt kein Mitleid. Im Gegenteil, es sieht so aus, als ob er auch noch Spaß daran hat, den zerzausten Mann zu ärgern.

Doch wie durch ein Wunder bleibt Hannes stehen. Er steht zwar nur auf einem Bein und auch etwas schief, aber er stemmt sich mit aller Kraft gegen den Nordwind.

„Ich kriege dich schon, ich breche dich in kleine Stücke, ich fege dir das letzte Stroh von deinem Kopf", pfeift der Nordwind um die Vogelscheuche.

Da ruft Hannes laut: „Das glaubst du doch selbst nicht. Ich bleibe hier, solange es dem Bauern gefällt. Er hat mich hier im Frühling aufgestellt und ich halte, was ich versprochen habe. Ich halte hier Wache, ja, denn ich bin der Feldwebel. Da staunst du, was? Der Bauer hat mich befördert, von der Vogelscheuche zum Feldwebel. Und ich kenne meine Verantwortung."

„So, also ein Feldwebel bist du jetzt, muss ich mich dann auch noch vor dir verbeugen? Haha, du dummer Tropf", pfeift der Wind und reißt Hannes mit aller Gewalt seinen durchlöcherten Hut vom Kopf. „Das ist der Beginn. Jetzt fange ich erst richtig damit an, mit dir zu spielen."

Und so bläst der Nordwind solange gegen die Vogelscheuche, bis Hannes mit einem seufzenden Knacks umfällt. Hämisch lachend und pfeifend braust der Nordwind davon.

Ach, da liegt er nun, Hannes, die Vogelscheuche, zerfetzt und hilflos. Ein Gefühl der Einsamkeit überwältigt ihn und lässt ihn vor Traurigkeit erstarren. Doch plötzlich bewegt sich etwas in seinem Strohkopf. Was ist denn das? Da krabbeln zwei kleine Mäuschen hervor.

„Was ist denn geschehen?", fragt Mamsi, die erste Maus, und schaut sich verwundert um.

„Der Feldwebel ist umgefallen, er ist ohnmächtig geworden", entgegnet Lang-schwänzchen, die andere Maus.

„Oh, unser starker Feldwebel? Das kann doch nicht sein?", jammert Mamsi und rennt ganz aufgebracht um den Strohkopf herum.

Langschwänzchen stupst den Feldwebel ein paar Mal gegen seine Holznase und ruft: „Herr Feldwebel, wachen Sie auf!"

Aber die Vogelscheuche rührt sich nicht mehr.

„Was nun?", fragt Mamsi. „Unser warmes Strohnest ist jetzt auch zerstört. Jetzt werden wir sicher bald erfrieren."

„Wir müssen es dem Bauern sagen", meint Langschwänzchen. „Der wird den Feldwebel schon aufrichten. Komm mit, wir laufen zum Bauernhaus."

Und das machen die zwei kleinen Mäuschen auch sofort. Doch der Bauer ist leider nicht zu Hause.

„Dann warten wir eben in der Scheune", sagt Langschwänzchen. Schnell schlüpfen die beiden unter dem Scheunentor hindurch.

„Wie schön warm es hier ist", ruft Langschwänzchen erneut. „Schau mal, das Getreide, die Maiskolben, die Äpfel in den Kisten. Oh, Mamsi, kneif mich mal. Ich glaube, ich träume dieses herrliche Paradies bloß."

Aber Langschwänzchen träumt nicht. Die Scheune ist mit den herrlichsten Sachen gefüllt und überall liegt warmes Stroh herum. Da beschließen die beiden Mäuse, dass sie dem Bauern nichts sagen werden. Sie bauen sich ein gemütliches Nest im Stroh, werden ganz dick vom Futter und bekommen viele Mäusekinder. Den ganzen Winter über bleiben sie in der Scheune, bis sich der Bauer eine große Katze anschafft. Da ziehen Mamsi und Langschwänzchen wieder in den Strohkopf der Vogelscheuche, die der Bauer endlich repariert hat.

Da steht er wieder, Hannes, die Vogelscheuche. Er steht mitten auf dem Acker, auf einem Bein, aber groß und stark wie ein richtiger Feldwebel.

Weiß oder Bunt?

Alles war weiß, denn es hat nun drei Tage hintereinander geschneit. Die Schneemänner tanzen Ringelreihen vor lauter Freude. Ihre Mohrrübennasen leuchten in ihren weißen Gesichtern. Da kommt König Winter herbeigeschneit und ist sehr zufrieden mit dem ganzen herrlichen Schnee.

„So mag ich das", brummt er in seinen Frostbart. „Ja, so will ich den Winter haben. Alles ist weiß und glitzert, nur die roten Rübennasen der Schneemänner stören mich. Denen werde ich schon noch sagen, dass sie nur weiße Nasen tragen dürfen. Die schwarzen Kohlenaugen sind in Ordnung, aber die bunten Schals, die sie umhaben, müssen auch weiß sein."

Erschrocken schauen die Schneemänner auf den König. „Was? Weiße Rübennasen und weiße Schals? Aber das geht doch nicht. Das ist ausgeschlossen! Dann streiken wir", rufen die Schneemänner erbost. „Das machen wir einfach nicht mit!"

„Was heißt das, streiken? Ihr macht, was ich sage. Schließlich bin ich euer König und ihr seid meine Untertanen. Ihr habt meinen Befehl zu befolgen", zürnt der König und haut mit der Faust auf das dicke Eis, das den Waldsee bedeckt.

Klirrend vor Schreck springt das Eis in tausend Stücke. Oh, da werden die Schneemänner aber sauer. Sie bleiben bei ihrem Entschluss und setzen sich mit verschränkten Armen in den Schnee.

„Wenn ihr nicht sofort aufsteht, dann, ... ach, macht doch, was ihr wollt", schreit der König und ruft den Nordwind herbei, dass er ihn wieder an den Nordpol bringt.

Wenig später sitzt der König in seinem Eispalast auf seinem Thron und schaut missmutig um sich herum. Wie still es hier ist. Auf einmal fühlt er sich ganz einsam und verlassen. Er ruft einige Eisbären zu sich und fragt sie, ob sie einen Schneemann gesehen haben.

„Nein", schütteln die Eisbären ihre zotteligen Köpfe.

„Auch nicht einen Klitzekleinen?", fragt der König.

Nein, auch einen klitzekleinen Schneemann haben die Eisbären nicht gesehen. Die ganze Nacht läuft der König in seinem Thronsaal auf und ab, da kommt ihm eine Idee. Wenn die Schneemänner es bunt haben wollen, dann sollen sie es auch bunt bekommen. Nicht bloß bunt, sondern richtig kunterbunt, denkt der König. So geht er in den Keller, wo er noch ein paar Farbreste für den nächsten Herbst aufbewahrt. Der König greift sich einen dicken Pinsel und taucht diesen in die rote Farbe.

Damit malt er schöne rote Blumen auf seinen weißen langen Mantel. Dann malt er noch viele weitere Blumen in Gelb und Blau dazu. Ja, sogar seinen Bart malt er bunt an. Auch seine große Mütze bleibt nicht weiß, sondern bekommt einen Farbanstrich. So, nun ist er fertig. Laut ruft er den Nordwind herbei, der bringt ihn wieder in den Wald zurück. Da sitzen die Schneemänner immer noch schweigend und mürrisch beieinander. Und sogleich platzt der kunterbunte König mitten in die Runde hinein. Oh, wer ist denn das? Was ist das für ein fremder Vogel? Oder ist es gar schon der Frühling?

„Ich bin's, der Winterkönig, euer König. Erkennt ihr mich denn nicht?"

„Oh, schaut doch nur, es ist unser König, man glaubt es kaum, ja, er ist es wirklich", rufen die Schneemänner durcheinander.

„Na, was sagt ihr, gefalle ich euch nun besser? Jetzt bin ich auch so bunt wie ihr es seid."

„Ach, ich weiß nicht", überlegt ein kleiner Schneemann, „es passt so gar nicht in die Winterzeit mit all diesen bunten Blümchen."

Sofort springen alle Schneemänner auf und rufen im Chor: „König Winter, bleib so wie du wirklich bist. Schön weiß, glitzernd und strahlend."

Da lacht der König und erwidert: „Das will ich gern. Und ihr bleibt bitte auch so wie ihr seid. Schneemänner mit einer Mohrrübennase und bunten Schals."

Da freuen sich alle und lachen miteinander. Schon bald braust der Nordwind heran und bringt sie allesamt zum Nordpool, wo der weiße Eispalast glitzert und funkelt in schneeweißer Pracht.

Der Schleier

Heute Nacht hat es geschneit. Der Wald und die große Waldwiese sind ein einziges Wintermärchen. Es glitzert der Schnee in der Sonne und funkelt im Mondlicht.

Da kann die Elfenkönigin nicht widerstehen. In einem wunderschönen weißen Sternenkleid und einem Schleier, den das Mondlicht gewebt hat, tanzt sie leicht und zierlich über die schneebedeckte Waldwiese.

Zusammen mit ihr tanzen die zarten Schneeflockenelfen.

Da kommen einige Schneemänner herbei und machen Musik. Der eine spielt Geige, der andere Flöte und wieder einer spielt Harfe. Die anderen Schneemänner tanzen und wiegen sich mit den Elfen und der Elfenkönigin.

Da kommt ein großer dicker Schneemann auf die Elfenkönigin zu und fragt: „Verehrte Elfenkönigin, darf ich um diesen Tanz bitten?"

Da lächelt die Königin und sagt: „Nein, das darfst du nicht. Eine Elfenkönigin oder eine Elfe tanzt nie mit einem Schneemann. Ihr seid zwar sehr stattlich, aber so tanzen wie Elfen das tun, das könnt ihr nicht."

„Wer sagt denn, dass ich nicht so tanzen kann wie ihr?", braust der Schneemann auf. Aber die Elfenkönigin ist schon wieder weg. „Pfff", macht der Schneemann und setzt sich auf einen Baumstamm.

Plötzlich steht vor ihm ein kleiner Waldkobold. Er trägt einen dicken Moosumhang und auf seinem großen Hut sind einige Zweige mit roten Beeren festgebunden.

Der Schneemann schaut den Kobold erstaunt an, dann fragt er: „Nanu, wer bist du denn?"

Der Kobold grinst und sagt: „Man nennt mich Tanum. Ich bin nur ein ganz gewöhnlicher Waldbewohner. Ich habe gerade zufällig gehört, dass du auch so tanzen kannst wie die Elfenkönigin!"

„Kann ich auch", brummt der Schneemann.

„Warum glaube ich das nicht? Ich werd's dir sagen. Du bist viel zu plump, zu schwer und zu dick. Aber ich weiß, wie du wirklich so tanzen kannst wie die Elfenkönigin", erwidert Tanum.

Da hebt der Schneemann seinen Kopf und sagt: „Wirklich? Na, sag, wie geht das?"

„Was gibst du mir dafür?", fragt der Kobold keck.

„Meinen Schal, ja, den gebe ich dir dafür. Der ist schön warm. Na, gilt der Tausch?", antwortet der Schneemann.

„Na gut, abgemacht, dann werde ich dir das Geheimnis sagen. Also: Die Elfenkönigin kann nur so federleicht tanzen, weil sie einen Schleier trägt. Das ist nämlich ein Zauberschleier. Du brauchst dir nur den Schleier zu holen und um deine Schultern zu legen. Du wirst staunen, wie leicht du dich dann fühlst", flüstert der Kobold, packt sich blitzschnell den Schal vom Schneemann und verschwindet.

Sofort springt der Schneemann auf, läuft zur Elfenkönigin hinüber und entwendet der verdutzten Königin ihren funkelnden Schleier. Er legt sich den Schleier um seinen Hals und ehe sich die Elfenkönigin versieht, ist der Schneemann auch schon verschwunden.

Er läuft so schnell er kann in den Wald hinein. Mit dem Schleier fühlt er sich plötzlich so leicht und kann dadurch auch viel schneller laufen als sonst. Im Wald findet er eine große Lichtung und beginnt zu tanzen. Und wirklich, er tanzt und schwebt dahin wie eine Feder.

Langsam wird es Abend und der Schneemann tanzt noch immer, auf und nieder, hin und her. Er kann gar nicht mehr aufhören zu tanzen. Er tanzt Tag und Nacht. Durch das viele Tanzen wird er immer dünner und verliert dabei seinen ganzen Schnee. Er tanzt solange, bis schließlich nur noch seine Karottennase und der alte Hut übrig sind. Den Elfenschal hebt der Wind auf und bläst ihn zurück auf die verschneite Waldwiese. Dort bleibt er an einem Strauch hängen, wo die Elfenkönigin ihn schließlich wiederfindet. Da freut sich die Königin sehr und tanzt überglücklich mit den Elfen im Mondschein. So schön leicht sieht sie aus, mit ihrem wunderschönen weißen Sternenkleid und ihrem wehenden Schleier.

Die Blumen der Eisprinzessin

Wo das Nordlicht seine prächtigen Farben wie wehende Fahnen in der eiskalten Luft tanzen lässt, da spannt sich über die bizarren Eisberge eine große Brücke aus Eis. Sie führt hoch hinauf zu einem wunderbaren glitzernden Palast. Riesengroß, klirrend und durchsichtig ist er nur aus Eis und Schnee erbaut.

Hier in diesem kalten Land herrscht König Winter zusammen mit seiner wunderschönen Schneekönigin. Kalt und grimmig wäre es in diesem Land, gäbe es da nicht ihr allerliebstes Töchterlein, die Eisprinzessin. Durch sie ist das Winterreich leicht und spielerisch geworden.

Am liebsten ist die kleine Prinzessin in ihrem Wintergarten, wo in der kalten Winterluft die zartesten Eisblumen blühen. Die Gärtner sind kleine, aber kräftige Schneemänner, die den Wintergarten mit viel Liebe pflegen. Ab und zu kommt ein Eiszapfenflötenspieler vorbei und spielt auf seiner Eiszapfenflöte ein hübsches Lied. Dann kann die Prinzessin ihre kleinen Füße nicht stillhalten. Da geht es dann immer lustig zu und es dauert auch gar nicht lange, bis die Schneeflockenkinder herbeiwehen und ebenfalls im Tanz herumwirbeln.

Plötzlich kommt der Eisvogel herbeigeflogen und ruft: „Tjie-kie."

„Oh, wie schön, dass du auch mit uns zusammen tanzen möchtest", ruft die Prinzessin erfreut.

> *„Tjie-kie,*
>
> *aber nein, ich nie.*
>
> *Ich komme von der kleinen Veronie,*
>
> *tjie-kie, tjie-kie.*
>
> *Krank liegt sie im Bett,*
>
> *schaut sehnsüchtig aus dem Fenster,*
>
> *sieht aber nur hässliche Gespenster,*
>
> *möchte gerne wieder Blumen sehen,*
>
> *die strahlend an ihrem Fenster stehen.*

Tjie -kie, tjie-kie,

die arme kleine Veronie. "

„Ach, wie traurig", erwidert die Prinzessin. „Dann wollen wir der kleinen Veronie ganz schnell viele von unseren prächtigen Eisblumen schicken."

Laut klatscht sie in ihre Hände und sogleich erscheint eine ganze Schar Schneeflockenkinder. Die Prinzessin trägt ihnen auf, die herrlichsten Eisblumen auf die Fensterscheiben des kranken Mädchens zu malen.

Die Schneeflockenkinder sind ganz begeistert, denn Eisblumen malen können sie besonders gut. Flugs greifen sie die Töpfe mit der weißblauen Farbe und lassen sich wenig später vom Nordwind zu Veronies Haus tragen. Dort machen sie sich sogleich an die Arbeit.

Oh, wie staunt das kranke Mädchen, als sie vom Bett aus beobachtet, wie die wunderschönsten Eisblumen auf die Fensterscheiben gemalt werden. Geschwungen und zart sind die Linien und alles glitzert und funkelt.

Veronie freut sich so sehr, dass sie schnell wieder gesund wird. Nach einigen Tagen kann sie schon aufstehen und eine Woche später baut sie längst einen großen Schneemann im Garten. Aber Veronie weiß ganz genau, wer die schönen Eisblumen auf die Fensterscheiben hat malen lassen. Sie ist sich sicher, das kann nur ein lieber Gruß von der Eisprinzessin gewesen sein.

85

Das Elfchen Sommerblume

Es war einmal ein kleines liebliches Elfenkind, das Sommerblume hieß und den ganzen herrlichen Sommer auf der Wiese und im Wald mit den Blumen und Schmetterlingen verbrachte. Am liebsten spielte das Elfenkind mit den vielen bunten Waldvögelchen, denn es wollte auch so schön singen können.

Als der Sommer vorbei war, da konnte es genauso singen wie die Nachtigall, die Lerche und die Amsel. Ganz stolz war es darüber, denn das konnte wahrlich nicht jede Elfe, nein, wirklich nicht.

Dann kam der Herbst und er hat den pfiffigen Herbstwind mitgebracht sowie den Malermeister Farbenkleks, der nun alles und jeden bunt bemalte. Die Farbenpracht war wunderbar, aber nicht für lange Zeit.

Der pfiffige Geselle wehte alles wieder durcheinander, solange, bis die Bäume und Sträucher ohne ihr Blätterdach dastanden. Brrr, nun wurde es jeden Tag noch kälter.

„Macht, dass ihr in eure warmen unterirdischen Moosbettchen kommt", riefen die letzten warmen Sonnenstrahlen zu den Elfen, Blumen und Pflanzen, denn der Winter stand vor der Weltentür.

Und sogleich, husch, husch, flogen alle Elfchen hinunter zur Mutter Erde, welche die vielen Moosbettchen schon hergerichtet hatte. Auch die Blumen, Pflanzen und viele Krabbeltierchen sowie Insekten suchten Schutz in der warmen Stube von Mutter Erde. Alles und jeder beeilte sich, um noch rechtzeitig ein warmes Plätzchen zum Überwintern zu finden, ehe Mutter Erde die Tür mit dickem Eis verschloss.

Dann kam auch schon der Winter mit Schnee und Eis. Wer nicht rechtzeitig Schutz gesucht hatte, der fror nun jämmerlich.

So ging es auch dem kleinen Elfchen Sommerblume. War es denn nicht bei Mutter Erde? Lag es denn nicht in seinem weichen Moosbettchen? Nein, es hat völlig vergessen rechtzeitig unter die Erde zu schlüpfen. Das kam davon, weil es den ganzen Tag lang mit dem Vogelgesang beschäftigt war.

Es saß stundenlang auf einem Ast und übte, denn es war viel zu besorgt, dass es den schönen Vogelgesang wieder verlernen würde. Ach, du lieber Himmel, was sollte es nun tun? Vergebens klopfte es an die Erdentür und rief: „Bitte, Mutter Erde, lasst mich rein. Bitte, ich friere."

Doch ihr wurde die Tür nicht aufgemacht, denn Mutter Erde schlief schon ganz fest in ihrem großen bequemen Schaukelstuhl.

Da kam ein Eichkätzchen und sagte zu dem Elfchen, dass in der großen alten Tanne noch ein Plätzchen frei war. Dort, zwischen den Ästen, befand sich aus geflochtenen Tannenzweigen ein kleines Häuschen. Na ja, ein Häuschen war es zwar nicht direkt, aber es hatte ein Dach.

„Besser als gar nichts, da bist du zumindest ein bisschen vor dem kalten Nordwind geschützt."

„Danke", flüsterte das Elfchen zähneklappernd und flog mit seinen fast erfrorenen Flügelchen hinauf in den alten Tannenbaum. Hier war es ein wenig geschützt, aber es fror immer noch ganz erbärmlich in seinem dünnen Blumenkleidchen. Da tauchte das Eichkätzchen wieder auf und fragte, ob es ihm nun ein bisschen besser ging.

„Ach ja", erwiderte das Elfchen, „ein bisschen schon, aber ich glaube, ich werde den nächsten Tag nicht mehr erleben."

Da erschrak das Eichkätzchen sehr. Es lief schnell den Baumstamm hinunter und kam ein wenig später mit Moos und Blättern zurück. Mit diesen Sachen hüllte es das Elfchen ein und sagte: „So, jetzt wird es dir gleich viel wärmer sein."

Und tatsächlich, das Elfchen fühlte sich gleich viel wohler. Aber so richtig warm war ihm immer noch nicht.

„Schade", sagte das Eichkätzchen, „ich weiß auch nicht mehr, was ich noch tun soll."

Da begann das Elfchen zu singen, so schön wie eine Nachtigall, wunderbar und traurig zugleich.

Plötzlich kamen einige Vögelchen zu ihm und setzten sich neben das Elfchen. Ein Nachtigallengesang mitten im Winter? Das war schon etwas Besonderes! Und es kamen immer mehr Vögelchen und lauschten dem wunderbaren Gesang.

Da wurde das Elfchen müde und sagte, dass es nicht mehr singen könne, denn die Kälte lähme seine Zunge.

Da sprach das Rotkehlchen: „Ach, wie schade, aber du musst nicht frieren, schließlich sind wir ja Vögel und haben warme Federn. Wir geben dir ein paar Federn ab. Du wirst sehen, wie warm sie dich halten."

Und so geschah es auch. Jeder Vogel, der im Wald wohnte, schenkte dem Elfchen eine Feder. Es dauerte auch gar nicht lange, bis das Elfchen schließlich in einem Berg von Vogelfedern eingehüllt war.

Ja, nun war ihm so richtig wohlig warm und es spürte keine Kälte mehr.

Den ganzen langen Winter sorgten die Waldvögelchen für ihr kleines Elfchen Sommerblume mit warmen Federn, Sonnenblumenkernen, Nüssen und auch etwas Honig, den sie bei den Bienen erbettelten.

Als Dank für die guten Gaben sang das Elfchen jeden Tag so schön wie eine Nachtigall.

Und das mitten im Winter

Der kleine Schneekönig

Der Winter hat wieder mal viel Schnee mitgebracht und damit auch viele Schneemänner, große und kleine, dicke und runde. König Winter lässt es sich gut gehen, denn seine Schneemänner bedienen ihn von allen Seiten. Sie bringen ihm herrliches Eiswasser und viele Schneeknödel sowie Eis am Stiel. Dazu bauen sie ihm einen schönen großen Thron aus Eis und Schnee und legen ihm einen Eisblumenteppich davor.

Das gefällt auch dem kleinen Wichtelwaldmann. „Solche Diener lobe ich mir", denkt er. Laut ruft er zu den Schneemännern hinüber: „Ich könnte euch gut gebrauchen. Wollt ihr auch zu mir kommen und meine Diener sein?"

„Nur wenn du auch ein König bist", rufen die Schneemänner zurück.

„Ach so, dann werde ich eben ganz schnell ein König", meint der Wichtelwaldmann und hat auch schon eine Idee.

Zu Hause, in seinem unterirdischen Kämmerlein, kleidet er sich schnell um und wirft einen alten Umhang über seine Schultern. Aus Schnee formt er noch einige Schneebälle, die er mit Harz auf seine Kleidung klebt. Auf seine Wichtelmütze steckt er ein paar kleinere Eiszapfen. Nun hat er sogar eine Krone. Ein großer Eiszapfen dient ihm als königlicher Stab und auf seine Nase bindet er eine Mohrrübe.

Dann ruft er wieder zu den Schneemännern hinüber: „Seht her, hier steht euer neuer König! Kommt her zu mir und bedient euren neuen König."

Neugierig kommen die Schneemänner zu ihm und scharren sich um den neuen König.

„Und welcher König bist du genau? Wie heißt du denn?", wollen sie von ihm wissen.

Da überlegt der Wichtelwaldmann gar nicht lange und sagt: „Ich bin der Schneekönig, euer Schneekönig."

„Ja, wenn das so ist", lachen alle Schneemänner und verbeugen sich tief vor ihrem neuen König. „Was befiehlst du uns, oh, du großer kleiner Schneekönig?"

„Baut mir erst einmal einen Thron, so wie sich das für einen König gehört. Dann bereitet mir ein leckeres Mahl und dann sehen wir weiter", meint der neue Schneekönig, stellt sich auf einen Schneehaufen und sieht sich zufrieden um.

Da beeilen sich die Schneemänner und bauen ihm einen Thron aus Schnee und Eis. Sie füllen einige Schneebälle mit Eiswürfeln. Der Kochschneemann serviert die Schneebälle und sagt: „Ich hoffe, dass sie Euch wohlbekommen, mein Schneekönig."

„Das soll ich essen? Schneebälle? Das kann man doch nicht essen, da bekomme ich ja Bauchschmerzen", mosert der Wichtelwaldmann. „Und könnt ihr nicht einen Thron aus Moos und Blättern machen? Auf so einem Eis- und Schneethron erfriert doch mein Allerwertester. Nein, so geht das nun wirklich nicht", beschwert sich der neue Schneekönig laut.

Erstaunt schauen die Schneemänner auf ihren neuen König. Was meinte er mit Moos und Blättern? Und warum bekommt er Bauschmerzen von den Schneeknödeln?

Da tritt der Schneemannkoch an den Wichtelwaldmann heran und fragt: „Bist du auch wirklich ein echter Schneekönig?"

Ehe der Wichtelwaldmann antworten kann, erscheint plötzlich König Winter auf seinem Nordwindpferd und pustet den kleinen Schneekönig einfach weg. Da lachen alle Schneemänner und fegen mit ihren Besen den Thron und die übrigen Reste beiseite.

Der Wichtelwaldmann landet unterdessen unsanft vor seiner Tür und verkriecht sich beschämt in seinem unterirdischen Kämmerlein. In seinem warmen Moosbett träumt er noch den ganzen Winter lang davon, dass er wenigstens ein schöner Sommerkönig sein will.

Na ja, wer weiß!

Die Regenbogen-Eiszapfen

Heute hat sich der Winter etwas Lustiges einfallen lassen. Er will die längsten Eiszapfen, die er je gemacht hat, überall an den Dächern aufhängen. Ja, das will er und das macht er auch. Er will vor allem den Kindern eine Freude machen.

Aber die Kinder beachten die schönen langen Eiszapfen überhaupt nicht. Und die großen Menschen schimpfen nur über diese langen Eiszapfen.

Der Bäcker schaut böse hinauf und sagt: „Oh, wie schrecklich, die sind ja furchtbar gefährlich. Wenn die runterfallen, nein, die müssen weg."

Aber das Dach ist viel zu hoch, da muss eine Leiter her.

„Vielleicht habe ich doch ein bisschen übertrieben", murmelt der Winter. „Nun, dann werde ich eben kleinere Eiszapfen aufhängen." Und das tut er auch. Zwar schauen die Menschen immer noch argwöhnisch hinauf, aber weiter sagen sie nichts.

Und die Kinder? Die schauen nicht einmal hinauf und bemerken die schönen Eiszapfen überhaupt nicht.

„Hm", macht der Winter, „soll ich sie vielleicht wieder länger machen?"

„Ja, was willst du eigentlich", ruft da die Wintersonne vom Himmel herunter.

„Einmal lang, dann wieder kurz, da soll sich jemand noch mit auskennen."

„Ja, du hast ja recht", mault der Winter. „Ich entferne sie alle wieder. Keiner soll je mehr meine schönen Eiszapfen sehen. Es hat einfach keinen Sinn."

„So schnell gibst du auf?", erwidert die Sonne. „Deine Eiszapfen sind zwar schön und auch ein richtiges Kunstwerk, aber sie sind schon ein bisschen langweilig. Das musst du doch zugeben."

„Wie meinst du das?", braust der Winter auf.

„Nun ja, es fehlt deinen Eiszapfen etwas. Ja, es fehlt ihnen vielleicht etwas Farbe", meint die Sonne.

„Farbe? Gefärbte Eiszapfen? Das habe ich ja noch nie gehört! Seit wann sind Eiszapfen denn bunt?", ruft der Winter erstaunt.

Da lacht die Sonne vom blauen Himmel herab und sagt: „Sagen wir mal seit heute?"

„Ach ja, und wie bitte soll ich das anstellen, dass meine Eiszapfen bunt werden?", will der Winter wissen.

„Ganz einfach, ich schicke dir meine Regenbogenelfen. Die färben deine Eiszapfen im Nu in allen Regenbogenfarben ein", erklärt die Sonne.

„Oh", macht der Winter und kratzt sich am Kopf. „Meinst du, das funktioniert wirklich?"

„Na, und ob, pass mal auf."

Schon winkt die Sonne zu den Regenbogenelfen hinüber, die gerade lustig auf den Wolkenschäfchen reiten. Als die Regenbogenelfen hören, was die Sonne von ihnen möchte, sind sie gleich damit einverstanden. Schnell flitzen sie zur Erde herunter und umklammern die Eiszapfen.

Oh, wie wunderbar!

Jetzt beginnen die Eiszapfen in allen Regenbogenfarben zu leuchten: in Rot, Orange, Gelb, Grün, Blau, Blaugrün und in Lila. Das ist so schön!

Da rufen die Kinder auf der Erde plötzlich: „So schaut doch nur, da hängen ja bunte Eiszapfen an den Dächern."

„Ja wirklich, wie kann das sein?", rätseln die großen Menschen.

Da freut sich der Winter und die Sonne freut sich mit ihm. Auch die Regenbogenelfen jubeln vor Freude. Und ganz besonders freuen sich die großen Menschen und die Kinder.

Und der Bäcker? Der macht sogleich süße Zucker-Eiszapfen, die er mit bunter Limonade füllt. Er nennt sie Regenbogen-Eiszapfen, was die Kinder überaus lustig finden.

Aber das ist ja auch kein Wunder.

Im letzten Augenblick

Da leuchten und glitzern die Perlen im Spinnennetz wie kostbare Diamanten. Schwerelos ist der Gesang des Windes, der die kalten Farben über das Land weht. Fahl schweben die Geister des Nebels auf den leicht raschelnden braunen Herbstblättern und die Luft ist feucht und tropft.

Plötzlich zerreißt ein flügelschlagender Vogelschrei die Nebelschwaden. Ein verzweifeltes Anheben eines gebrochenen Flügels. Sehnsüchtig schaut die Schwalbe hinauf zu den Zugvögeln, ihre Familie zieht in den Süden. Mit einem ruhigen und gleichmäßigen Flügelschlag entfernen sie sich immer weiter.

Da sinkt die Schwalbe in sich zusammen und ergibt sich der Kälte.

Doch da glühen auf einmal in purpurroten Farben die Beeren an einem Strauch. Da glitzert ein Sonnenstrahl und flattert umher wie ein Schmetterling. Erstaunt hebt die Schwalbe ihren Kopf und sieht, wie im Nebel eine wunderschöne Elfe erscheint. Es ist eine Herbstelfe. Ein herber frischer Waldesduft umringt ihre zierliche Gestalt. Voller Liebe beugt sich die Elfe über die Schwalbe und mit ihren zarten Händen hebt sie den kranken Vogel auf. Warm schmiegt sich die Schwalbe in ihre Arme, nun ist sie sicher.

Gerade noch zur rechten Zeit, denn hinter der Herbstelfe beginnt es zu tosen und der seufzende Wind wächst wie ein gewaltiges Ungeheuer zu einem peitschenden Sturm heran. Das Krächzen der abgebrochenen Äste der alten Bäume wird durch den niederprasselnden Hagel übertönt. Da jauchzt der Sturm, da tanzen und wirbeln die ersten Schneeflocken durch das einsame Land.

Schnell flieht die Herbstelfe wie flüchtige Gedanken vor dem gnadenlosen Winter. Schützend birgt sie die Schwalbe in ihren Armen, aber da rankt sich schon die klirrende Kälte um ihre zarten Flügel. Sogleich spürt sie die Starre, sie kann nicht mehr fliegen. Da hebt die Schwalbe ihren Kopf, breitet einen Flügel aus und flattert schwer mit dem gesunden Flügel auf und nieder.

„Wenn du das kannst, dann kann ich es auch", flüstert die Elfe und hebt mit ihrer letzten Kraft noch einmal ihre erstarrten Flügel. Siehe da, ein Flügel erhebt und entfaltet sich.

Da flattert der Schwalbenflügel, da glitzert der Elfenflügel und so erheben sich schließlich beide zusammen. Schnell fliegen sie dem Winter voraus und erreichen endlich den ewigen Blumengarten.

Nun sind sie dort, wo die Blumen in der hellen Sonne wie Kristalle glitzern.

So schön.

Tanzen im Winter

"Ach, wie es mich friert, ach, mir ist so kalt", jammert das kleine Waldmäuschen und versucht sich in einige verdorrte Blätter, die es noch im Schnee findet, einzuhüllen.

Das ist natürlich lustig anzusehen, denn dann kommt der Wind und, hui, bläst alle Blätter wieder weg. Doch dem Mäuschen wird es immer kälter. Nun ja, der Wind ist ja auch bitterkalt, ein richtiger Nordwind eben.

„Was soll ich bloß machen? Ach, ich werde nun sicherlich erfrieren", schluchzt das kleine Waldmäuschen.

„Du bist aber ein komisches Mäuschen. Warum schlüpfst du nicht ganz einfach in deine warme unterirdische Wohnung, so wie jedes Mäuschen das tut?", fragt auf einmal ein feines Stimmchen hinter ihm.

Als sich das Mäuschen ganz erstaunt umdreht, steht eine kleine Waldelfe vor ihm.

„Ach, du bist's", sagt das Waldmäuschen erleichtert, denn von Elfen haben die Mäuschen nichts zu befürchten. „Ja, wenn das so leicht wäre", meint das Mäuschen weiter, „meine Eingangstür ist ganz und gar zugeschneit. Ich war nur für einen kurzen Augenblick draußen. Da begann es gleich ganz fürchterlich zu schneien und der Wind hat alles zugedeckt. Natürlich habe ich sofort mit dem Ausgraben meiner Tür begonnen, aber ich komme einfach nicht durch. Und jetzt sind meine Pfötchen zu steif und kalt geworden. Ich kann mich nicht mehr weiter durch den Schnee graben. Verstehst du das jetzt?"

„Ja, natürlich begreife ich, warum du draußen bist und nicht in deinem warmen Stübchen", erwidert die Elfe. „Jetzt musst du erst einmal wieder richtig warm werden und das geht nur mit Bewegung. Komm, wir machen ein kleines Tänzchen. Ich singe dazu, dann geht es gleich viel leichter. Pass mal auf, eins, zwei drei, und eins zwei drei."

Die Waldelfe nimmt die kleinen Pfötchen vom Mäuschen in ihre Hände und so tanzen sie lustig und fröhlich immer im Kreis herum.

Dabei singt die Elfe ein fröhliches Lied. Das hören auch die Vögel und sie gesellen sich dazu oder singen sogar mit.

Plötzlich taucht im Schnee ein dicker Hamster auf. „Was ist denn hier los, kann unsereiner nicht einmal in Ruhe seinen Winterschlaf halten?"

Da lachen ihn die Elfe, das Mäuschen und alle Vögel herzlich aus.

„Tanz doch einfach mit", lädt die Elfe den Hamster ein.

„Ich kann ja gar nicht tanzen", brummt der zurück.

Da packt die Elfe den Hamster bei seinen Pfoten und so muss der Hamster einfach mittanzen.

Verwundert stellt der Hamster fest, dass es ihm auch noch Spaß macht.

„Ich will auch mittanzen", ruft ein Eichkätzchen von einem Tannenbaum herunter.

„Dann komm, du bist herzlich eingeladen", tönt die Elfe hinauf.

So huscht das Eichkätzchen flink nach unten und tanzt in den Reigen fröhlich mit.

Und es kommen immer noch mehr Tiere hinzu: zwei Häschen, ein Maulwurf, ja, sogar eine dicke große Kröte. Alle wollen mittanzen. Vergessen sind der Winter und die Kälte, jedem ist es nun warm genug.

Auch dem Mäuschen ist jetzt nicht mehr kalt. Und es dauert auch gar nicht lange, da kann es seine Pfötchen wieder gut bewegen. Zusammen mit den anderen Tieren gräbt es die Eingangstür zu seiner unterirdischen Wohnung wieder frei.

Ach, wie ist das Mäuschen glücklich, dass es abends wieder schön warm und kuschelig in seinem Bettchen liegt.

Und die Elfe bleibt gleich den ganzen Winter lang bei dem Mäuschen und den anderen Tieren, denn sie alle wollen immerzu tanzen.

Tanzen macht ja auch großen Spaß und es wird einem dabei so richtig warm, und zwar nicht nur an den Pfötchen, sondern auch ums Herz.

Der Schneekönig und seine Schneekinder

Es ist schon lange her, da wohnte am Rande eines kleinen Dorfes in einem winzigen Holzhäuschen die kleine Elsa zusammen mit ihrer Mutter. Ihr Vater war schon lange gestorben und andere Verwandte hatten die beiden nicht. Elsa war acht Jahre alt und ging bereits zur Schule, aber nur im Sommer. Im Winter war der Weg zu weit und zugeschneit. Also blieb sie zu Hause und half ihrer Mutter. Diese arbeitete bei den reichen Bauern auf dem großen Bauernhof, der in der Nachbarschaft lag, um ein bisschen Geld zu verdienen. Aber das reichte kaum für den Lebensunterhalt. Nur das Notwendigste konnte die Mutter von ihrem Lohn kaufen.

Also ging Elsa jeden Tag in den Wald, um Holz für den Ofen zu sammeln, damit es wenigstens ein bisschen warm in der kleinen Stube wurde. Hungrig und frierend lief sie durch den Wald. Aber als sie daran dachte, dass ihre liebe Mutter heute Abend wieder nach Hause kam und es dann eine warme Suppe mit etwas Brot geben sollte, wurde Elsa wieder warm ums Herz.

Tapfer stapfte sie durch den Schnee, den Schlitten zog sie hinter sich her. Sie stapelte das Klaubholz, was sie im Schnee fand, auf dem Schlitten. Plötzlich rutschte sie aus und purzelte einen Schneehügel hinunter. Nein, sie hat sich nicht wehgetan, aber der Schlitten, oje, der war den ganzen Hügel hinuntergerutscht und an einem Baum zerschellt.

Mit erschrockenen Augen schaute Elsa hinunter auf den zerbrochenen Schlitten. „Was soll ich jetzt bloß tun?", überlegte Elsa. „Nun haben wir keinen Schlitten mehr und auch kein Holz. Ja, der Schlitten war wohl schon etwas alt, aber er tat noch gut seinen Dienst. Was wird wohl Mutter dazu sagen?"

Schnell rutschte sie nach unten zu dem zerbrochenen Schlitten, um so viel Holz, wie sie in ihrer Schürze tragen konnte, zu bergen. Nein, den Schlitten konnte man nicht mehr reparieren, der war in viele kleine Stücke zerbrochen. Doch wenigstens hatte sie eine Schürze voll mit Brennholz.

Mühsam, Schritt für Schritt, lief sie wieder den Hügel hinauf. Das war gar nicht so leicht, denn sie rutschte immer wieder erneut im Schnee aus. Schließlich war sie doch oben angelangt und wollte so schnell wie möglich nach Hause.

Es wurde schon ein bisschen dämmerig, da begann es auch noch zu schneien. Oh, wie war sie auf einmal müde. Sie wollte sich gern ein bisschen ausruhen. Das Holz in ihrer Schürze war ja auch so schwer. Also setzte sich Elsa bei einem Baumstumpf nieder und zog ihr Umhangtuch ein bisschen enger um sich herum. Ihre Augen wurden ganz schwer und sie schloss sie ein wenig. Es wurde ganz still und leise fiel der Schnee in dicken Flocken auf sie herab.

Plötzlich rief jemand ihren Namen: „Elsa, wach auf, du darfst hier nicht einschlafen. Hörst du? Wach auf!"

Mit großer Mühe öffnete Elsa ihre Augen.

„Ich träume wohl", murmelte sie, als sie ein kleines schneeweißes Männchen sah, das sie am Arm rüttelte.

„Nein, du träumst nicht, liebe Elsa", sagte das Männchen. „Ich bin der Schneekönig und um dich herum, das sind meine Schneekinder. Ja, schau dich nur um und stehe auf, Elsa."

Da schaute Else sich um und sah sich von lauter kleinen herzigen Schneekindern umringt. „Ach, sind die süß", lachte Elsa und sprang auf. Dabei fiel ihr das ganze Holz aus der Schürze.

„Das ist aber ein schönes Holz", sagte der Schneekönig. „Willst du es mir nicht geben?"

„Na ja", zögerte Elsa, „ich muss es eigentlich nach Hause bringen. Aber gut, wenn du es haben möchtest, nimm es nur, ich werde schnell wieder neues Holz finden."

„Nein, ich will es ja nicht umsonst haben. Ich will tauschen! Du gibst mir das Holz und ich gebe dir dafür Schnee", sagte der Schneekönig und holte das Holz aus Elsas Schürze und gab ihr dafür Schnee.

Darüber musste Elsa lachen, denn Schnee brauchte sie nun wirklich nicht. Doch wenn es dem Schneekönig Spaß machte, na ja, warum nicht!?

Die Schneekinder ringsumher mussten auch lachen und sie purzelten lustig mit den Schneeflocken herum. Als der Schneekönig Elsas Schürze mit Schnee gefüllt hatte, sagte er, dass sie nun schnell nach Hause laufen sollte, denn es würde bald sehr finster werden.

„Aber ich muss doch noch neues Holz sammeln", protestierte Elsa.

Doch die Schneekinder packten sie alle zusammen bei ihren Kleidern und der Mütze und es war Elsa, als ob sie wie die Schneeflocken durch die Luft wirbelte. Sie landete direkt vor ihrem Häuschen.

Ihre Mutter war schon zu Hause und schaute erleichtert auf ihre kleine Tochter. „Was bin ich froh, dass du wieder zu Hause bist. Es ist schon dunkel draußen und ich habe mir Sorgen gemacht", sagte die Mutter und schloss Elsa in ihre Arme.

Da fiel aus Elsas Schürze etwas Hartes heraus, das zudem wie Gold glänzte. Erstaunt schauten die beiden auf den Fußboden, dann flüsterte die Mutter mit großen Augen: „Elsa, das ist ja ein Klumpen Gold! Wo hast du das denn her?"

So erzählte Elsa alles, was geschehen war.

Schweigend hörte die Mutter zu, dann sagte sie: „Ich habe viel von dem Schneekönig und seinen Schneekindern gehört. Und auch darüber, dass er schon vielen Menschen geholfen hat. Nun hat er uns geholfen. Jetzt, liebe Elsa, können wir von dem Gold, dass er uns geschenkt hat, ein gutes Leben anfangen, ohne Hunger oder Kälte. Und Weihnachten wird dieses Jahr ein wunderschönes Fest. Danke, lieber Schneekönig."

So freuten sich Elsa und ihre Mutter wie ein Schneekönig.

Und ihr wisst jetzt, woher das Sprichwort kommt!

CPSIA information can be obtained
at www.ICGtesting.com
Printed in the USA
LVHW061217111119
636961LV00013B/3686/P